AF547587

GRöLS
Verlage

„Bücher sind wie Fallschirme. Sie nützen uns nichts, wenn wir sie nicht öffnen."

Gröls Verlag

Redaktionelle Hinweise und Impressum

Das vorliegende Werk wurde zugunsten der Authentizität sehr zurückhaltend bearbeitet. So wurden etwa ursprüngliche Rechtschreibfehler *nicht* systematisch behoben, denn kleine Unvollkommenheiten machen das Buch – wie im Übrigen den Menschen – erst authentisch. Mitunter wurden jedoch zum Beispiel Absätze behutsam neu getrennt, um den Lesefluss zu erleichtern.

Um die Texte zu rekonstruieren, werden antiquarische Bücher von Lesegeräten gescannt und dann durch eine Software lesbar gemacht. Der so entstandene Text wird von Menschen gegengelesen und korrigiert – hierbei treten auch Fehler auf. Wenn Sie ebenfalls antiquarische Texte einreichen möchten, finden Sie weitere Informationen auf www.groels.de

Viel Freude bei der Lektüre wünscht Ihnen das Team des Gröls-Verlags.

Adressen

Verleger: Sophia Gröls, Im Borngrund 26, 61440 Oberursel

Externer Dienstleister für Distribution & Herstellung: BoD, In de Tarpen 42, 22848 Norderstedt

Unsere „Edition | Werke der Weltliteratur“ hat den Anspruch, eine der größten und vollständigsten Sammlungen klassischer Literatur in deutscher Sprache zu sein. Nach und nach versammeln wir hier nicht nur die „üblichen Verdächtigen“ von Goethe bis Schiller, sondern auch Kleinode der vergangenen Jahrhunderte, die – zu Unrecht – drohen, in Vergessenheit zu geraten. Wir kultivieren und kuratieren damit einen der wertvollsten Bereiche der abendländischen Kultur. Kleine Auswahl:

Francis Bacon • Neues Organon • **Balzac** • Glanz und Elend der Kurtisanen • **Joachim H. Campe** • Robinson der Jüngere • **Dante Alighieri** • Die Göttliche Komödie • **Daniel Defoe** • Robinson Crusoe • **Charles Dickens** • Oliver Twist • **Denis Diderot** • Jacques der Fatalist • **Fjodor Dostojewski** • Schuld und Sühne • **Arthur Conan Doyle** • Der Hund von Baskerville • **Marie von Ebner-Eschenbach** • Das Gemeindekind • **Elisabeth von Österreich** • Das Poetische Tagebuch • **Friedrich Engels** • Die Lage der arbeitenden Klasse • **Ludwig Feuerbach** • Das Wesen des Christentums • **Johann G. Fichte** • Reden an die deutsche Nation • **Fitzgerald** • Zärtlich ist die Nacht • **Flaubert** • Madame Bovary • **Gorch Fock** • Seefahrt ist not! • **Theodor Fontane** • Effi Briest • **Robert Musil** • Über die Dummheit • **Edgar Wallace** • Der Frosch mit der Maske • **Jakob Wassermann** • Der Fall Maurizius • **Oscar Wilde** • Das Bildnis des Dorian Grey • **Émile Zola** • Germinal • **Stefan Zweig** • Schachnovelle • **Hugo von Hofmannsthal** • Der Tor und der Tod • **Anton Tschechow** • Ein Heiratsantrag • **Arthur Schnitzler** • Reigen • **Friedrich Schiller** • Kabale und Liebe • **Nicolo Machiavelli** • Der Fürst • **Gotthold E. Lessing** • Nathan der Weise • **Augustinus** • Die Bekenntnisse des heiligen Augustinus • **Marcus Aurelius** • Selbstbetrachtungen • **Charles Baudelaire** • Die Blumen des Bösen • **Harriett Stowe** • Onkel Toms Hütte • **Walter Benjamin** • Deutsche Menschen • **Hugo Bettauer** • Die Stadt ohne Juden • **Lewis Caroll** • *und viele mehr….*

Henrik Ibsen

Ein Volksfeind

Schauspiel in fünf Akten

Inhalt

Personen

Doktor Thomas Stockmann, Badearzt

Frau Stockmann

Petra, beider Tochter, Lehrerin

Ejlif, Morten, beider Söhne, im Alter von dreizehn und zehn Jahren

Peter Stockmann, der ältere Bruder des Doktors, Stadtvogt und Polizeimeister, Vorsitzender der Badeverwaltung usw.

Morten Kiil, Gerbermeister, Frau Stockmanns Pflegevater

Hovstadt, Redakteur des „Volksboten“

Billing, Mitarbeiter des Blattes

Horster, Schiffskapitän

Aslaksen, Buchdrucker

Besucher einer Bürgerversammlung, Männer aus allen Ständen, einige Frauen und eine Schar Schulknaben

Das Stück spielt in einer Küstenstadt des südlichen Norwegens.

Erster Akt

Wohnzimmer des Doktors.

Abend. Das Zimmer ist sehr einfach, aber nett eingerichtet und möbliert. An der rechten Seitenwand sind zwei Türen, von denen die hintere ins Vorzimmer und die vordere in das Arbeitszimmer des Doktors führt. An der entgegengesetzten Wand, der Vorzimmertür gerade gegenüber, ist eine Tür, die zu den übrigen Zimmern der Familie führt. In der Mitte dieser Wand steht der Ofen, und weiter nach dem Vordergrund zu ein Sofa mit Spiegel; vor dem Sofa ein ovaler Tisch mit Decke. Auf dem Tische eine brennende Lampe mit Schirm. Im Hintergrund eine offene Tür, die ins Speisezimmer führt. Der Tisch drinnen, mit der Lampe darauf, ist zum Abendessen gedeckt.

***Billing** sitzt drin am Eßtisch mit einer Serviette unter dem Kinn. **Frau Stockmann** steht am Tisch und reicht ihm eine Schüssel mit einem großen Stück Rinderbraten. Die übrigen Plätze am Tisch sind leer; das Tischzeug ist in Unordnung wie nach einer beendeten Mahlzeit.*

Frau Stockmann. Ja, wenn Sie eine Stunde zu spät kommen, Herr Billing, dann müssen Sie mit kaltem Essen vorlieb nehmen.

Billing *essend.* Es schmeckt ganz ausgezeichnet, – ganz großartig.

Frau Stockmann. Sie wissen ja, wie genau Stockmann auf pünktliche Mahlzeiten hält –

Billing. Das macht mir gar nichts. Ich glaube fast, es schmeckt mir noch besser, wenn ich ganz allein dasitzen und ungestört essen kann.

Frau Stockmann. Na ja, wenn es Ihnen nur schmeckt, so – *Horcht nach dem Vorzimmer hin.* Da kommt gewiß auch Hovstad.

Billing. Schon möglich.

***Stadtvogt Stockmann**, im Paletot mit Amtsmütze und Stock, tritt ein.*

Stadtvogt. Ergebensten guten Abend, Frau Schwägerin.

Frau Stockmann *tritt ins Wohnzimmer.* Ei sieh da, guten Abend; Sie sind's? Das ist hübsch von Ihnen, daß Sie sich mal bei uns sehen lassen.

Stadtvogt. Ich bin gerade vorbeigegangen und da – *Mit einem Blick auf das Speisezimmer.* Aber – Sie haben Gesellschaft, wie es scheint.

Frau Stockmann *etwas verlegen.* O, durchaus nicht; das ist reiner Zufall. *Rasch.* Wollen Sie nicht eintreten und einen Bissen mitessen?

Stadtvogt. Ich? Nein, vielen Dank. I Gott bewahre; warmes Abendbrot; das ist nichts für *meine* Verdauung.

Frau Stockmann. Ach, *ein*mal ist doch keinmal –.

Stadtvogt. Nein, nein, das wäre noch schöner; ich bleibe bei meinem Tee und meinem Butterbrot. Das ist doch gesünder auf die Dauer, – und auch ein bißchen haushälterischer.

Frau Stockmann *lächelt.* Sie halten doch wohl nicht Thomas und mich für ausgemachte Verschwender?

Stadtvogt. Sie nicht, Frau Schwägerin; das sei fern von mir. *Deutet auf das Arbeitszimmer des Doktors.* Er ist am Ende nicht zu Hause?

Frau Stockmann. Nein, er macht einen kleinen Spaziergang nach dem Essen, – er und die Jungen.

Stadtvogt. Ob das gesund sein mag? *Horcht auf.* Da kommt er wohl.

Frau Stockmann. Nein, das ist er schwerlich. *Es klopft.* Herein!

Hovstad kommt aus dem Vorzimmer.

Frau Stockmann. Ah, Sie sind's, Herr Hovstad –?

Hovstadt. Ja, – Sie müssen entschuldigen; aber ich wurde in der Druckerei aufgehalten. Guten Abend, Herr Stadtvogt.

Stadtvogt *grüßt etwas steif.* Herr Redakteur. Sie kommen vermutlich in Geschäften?

Hovstadt. Zum Teil. Es handelt sich um etwas, das ins Blatt soll.

Stadtvogt. Kann es mir denken. Mein Bruder, höre ich, soll ein enorm fruchtbarer Mitarbeiter des „Volksboten“ sein.

Hovstadt. Ja, er ist so frei, für den „Volksboten" zu schreiben, wenn er aus diesem oder jenem Anlaß die Wahrheit sagen will.

Frau Stockmann *zu Hovstad.* Aber wollen Sie nicht –? *Zeigt nach dem Speisezimmer.*

Stadtvogt. I, ich verdenke es ihm durchaus nicht, daß er für den Leserkreis schreibt, wo er hoffen darf, den meisten Anklang zu finden. Übrigens habe ich persönlich ja gar keinen Grund, auf Ihr Blatt ungehalten zu sein, Herr Hovstad.

Hovstadt. Nein, das scheint mir auch.

Stadtvogt. Im großen ganzen herrscht ein schöner Geist der Verträglichkeit in unserer Stadt; – ein Bürgersinn, wie er sein soll. Und das kommt daher, weil wir uns um eine große, gemeinsame Angelegenheit scharen können, – eine Angelegenheit, die in gleich hohem Grade alle rechtschaffenen Mitbürger angeht –

Hovstadt. Das Bad, jawohl.

Stadtvogt. Allerdings. Wir haben unser großes, neues, prächtiges Bad. Passen Sie auf! Das Bad wird die vornehmste Lebensquelle der Stadt, Herr Hovstad. Unbestritten!

Frau Stockmann. Dasselbe sagt Thomas auch.

Stadtvogt. Welchen Riesenaufschwung hat der Ort nicht in den letzten paar Jahren genommen! Hier ist Geld unter die Leute gekommen; Leben und Bewegung! Haus- und Grundbesitz steigen im Wert mit jedem Tage.

Hovstadt. Und die Arbeitslosigkeit nimmt ab.

Stadtvogt. Auch das, jawohl. Die Armenlast hat sich für die besitzenden Klassen in erfreulichem Maße vermindert, und das wird in noch höherem Grade der Fall sein, wenn wir dies Jahr nur einen recht guten Sommer bekommen; – einen recht regen Fremdenverkehr, – eine hübsche Menge Kranker, die dem Bad einen Namen machen.

Hovstadt. Und dazu ist ja Aussicht vorhanden, wie ich höre.

Stadtvogt. Es läßt sich vielversprechend an. Jeden Tag laufen Anfragen wegen Wohnungen und dergleichen ein.

Hovstadt. Na, da kommt ja der Aufsatz des Herrn Doktors gerade gelegen.

Stadtvogt. Hat er wieder etwas geschrieben?

Hovstadt. Es ist ein Manuskript vom letzten Winter; eine Empfehlung des Bades, eine Darstellung der günstigen Gesundheitsverhältnisse hier bei uns. Aber damals ließ ich den Aufsatz liegen.

Stadtvogt. Aha, vermutlich hatte die Sache in irgend welcher Beziehung einen Haken.

Hovstadt. Nein, das nicht; aber ich meinte, lieber bis zum Frühjahr damit warten zu sollen; denn jetzt beginnt ja das Publikum Anstalten zu treffen und an die Sommerfrische zu denken –

Stadtvogt. Sehr richtig; ungemein richtig, Herr Hovstad.

Frau Stockmann. Ja, Thomas ist wirklich unermüdlich, wenn es sich um das Bad handelt.

Stadtvogt. Na, er steht doch auch im Dienste des Bades.

Hovstadt. Ja, und dann ist ja auch *er* es gewesen, der die Grundlage dazu geschaffen hat.

Stadtvogt. *Er*? So? Ich höre allerdings zuweilen, daß man in gewissen Kreisen dieser Ansicht ist. Ich glaubte nun freilich, *ich* hätte auch einen bescheidenen Anteil an diesem Unternehmen.

Frau Stockmann. Ja, das sagt Thomas immer.

Hovstadt. Wer leugnet denn das, Herr Stadtvogt? Sie haben die Sache in Gang gebracht und sie praktisch durchgeführt; das wissen wir doch alle. Aber ich meinte nur, daß die ursprüngliche Idee vom Herrn Doktor stammt.

Stadtvogt. Ja, Ideen hat mein Bruder gewiß Zeit seines Lebens genug gehabt – leider. Wenn aber etwas ins Werk gesetzt werden soll, so werden Männer von anderem Schlage gebraucht, Herr Hovstad. Und ich glaubte wirklich, daß man am allerwenigsten in diesem Hause –

Frau Stockmann. Aber, lieber Schwager –

Hovstadt. Wie können Sie nur, Herr Stadtvogt –

Frau Stockmann. Jetzt gehen Sie aber hinein, Herr Hovstad, und nehmen Sie etwas zu sich; inzwischen kommt auch wohl mein Mann.

Hovstadt. Danke sehr; einen kleinen Bissen nur! *Ab ins Speisezimmer.*

Stadtvogt *mit etwas gedämpfter Stimme.* Es ist was Merkwürdiges mit den Leuten, die direkt von Bauern abstammen; taktlos sind und bleiben sie nun einmal.

Frau Stockmann. Aber lohnt es sich denn, Aufhebens davon zu machen? Können Sie und Tomas sich nicht brüderlich in die Ehre teilen?

Stadtvogt. Ja, man sollte es meinen; offenbar aber ist nicht *jeder* mit dem Teilen zufrieden.

Frau Stockmann. Ach Unsinn! Sie und Thomas kommen doch ganz vortrefflich miteinander aus. *Horcht.* Ich glaube, da ist er.

Geht hin und öffnet die Tür des Vorzimmers.

Doktor Stockmann *lacht und lärmt draußen.* Sieh, Käte, da kriegst Du noch einen Gast! Famos, was? Bitte, Kapitän. Hängen Sie den Rock nur da an den Kleiderriegel. Ach so – Sie tragen keinen Paletot? Du, Käte, ich habe ihn auf der Straße abgefangen; er wollte durchaus nicht mit herauf.

Horster *tritt ein und begrüßt Frau Stockmann.*

Stockmann *in der Tür.* Hinein, Ihr Jungens. Du! Sie haben schon wieder einen Mordshunger! Kommen Sie, Kapitän; Sie sollen einen Rinderbraten kosten, der –

Nötigt Horster ins Speisezimmer. **Ejlif** *und* **Morten** *gehen ebenfalls hinein.*

Frau Stockmann. Aber Thomas, siehst Du denn nicht –?

Stockmann *wendet sich in der Tür um.* Ach, *Du* bist's, Peter! *Geht auf ihn zu und reicht ihm die Hand.* Nein, das ist aber reizend.

Stadtvogt. Ich muß leider gleich wieder fort –

Stockmann. Unsinn! Gleich kommt der Toddy auf den Tisch. Du hast den Toddy doch nicht vergessen, Käte?

Frau Stockmann. I bewahre. Das Wasser kocht schon. *Ab ins Speisezimmer.*

Stadtvogt. Toddy auch –!

Stockmann. Ja, laß Dich nur nieder, und dann machen wir es uns gemütlich.

Stadtvogt. Ich danke. Ich beteilige mich niemals an Toddygelagen.

Stockmann. Aber das ist doch kein Gelage.

Stadtvogt. Mir scheint doch – *Sieht nach dem Speisezimmer.* Merkwürdig, was die alles vertilgen können.

Stockmann *reibt sich die Hände.* Ja, ist's nicht eine wahre Wonne, junge Leute essen zu sehen? Immer Appetit, Du! So ist's recht. Das Essen gehört mit dazu! Kräfte! Das sind die Leute, die den gärenden Zukunftsstoff aufwühlen sollen, Peter.

Stadtvogt. Darf ich fragen, *was* es hier „aufzuwühlen" gibt, wie Du Dich ausdrückst?

Stockmann. Ja, das mußt Du die Jugend fragen – wenn es so weit ist. Wir erleben es natürlich nicht mehr. Selbstverständlich. So ein paar alte Knaben, wie Du und ich –

Stadtvogt. Na, na! Das ist doch eine höchst ungewöhnliche Bezeichnung –

Stockmann. Du darfst es nicht so genau mit mir nehmen, Peter. Denn Du mußt wissen, ich bin so riesig froh und vergnügt. Ich fühle mich ganz unsagbar glücklich inmitten dieses keimenden, sprießenden Lebens. Es ist doch eine herrliche Zeit, in der wir leben! Es ist, als ob eine ganz neue Welt aufblühen wolle um einen her.

Stadtvogt. Findest Du wirklich?

Stockmann. Ja, Du kannst das natürlich nicht so gut sehen wie ich. Bist Du doch Dein Leben lang mitten drin gewesen; da stumpft sich der Eindruck ab. Aber ich, der ich die langen Jahre da oben im Norden in meinem einsamen Winkel sitzen mußte und fast nie eines fremden Menschen ansichtig wurde, der ein ermunterndes Wort für mich gehabt hätte, – auf mich wirkt das, wie wenn ich mitten in das Gewimmel einer Weltstadt versetzt wäre –

Stadtvogt. Hm; Weltstadt –

Stockmann. Ich weiß ja wohl, daß die Verhältnisse hier klein sind im Vergleich zu vielen anderen Orten. Aber hier ist Leben, – Verheißung, eine Unzahl von Dingen, für die man wirken und kämpfen kann; und *das* ist die Hauptsache. *Ruft:* Käte, ist der Postbote nicht da gewesen?

Frau Stockmann *im Speisezimmer.* Nein; es ist keiner da gewesen.

Stockmann. Und dann das gute Auskommen, Peter! Das lernt man schätzen, wenn man wie wir nichts zu brechen und zu beißen gehabt hat –

Stadtvogt. Na, na –

Stockmann. O ja, glaub' nur, daß bei uns da oben oft Schmalhans Küchenmeister gewesen ist. Und nun leben zu können wie ein Grandseigneur! Heut, zum Beispiel, hatten wir Rinderbraten zu Mittag; ja, und abends hatten wir auch noch davon. Willst Du nicht ein Stück probieren? Oder soll ich ihn Dir nicht wenigstens zeigen? Komm mit –

Stadtvogt. Nein, nein, keinesfalls –

Stockmann. Na, so komm hierher. Sieh mal, wir haben eine Tischdecke gekriegt.

Stadtvogt. Ja, das habe ich bemerkt.

Stockmann. Und auch einen Lampenschirm. Siehst Du? Das alles hat Käte zusammengespart. Und das macht die Stube so gemütlich. Findest Du nicht auch? Stell' Dich nur mal hierher; – nein, nein, nein; nicht so. So. Ja! Siehst Du, wenn das Licht so konzentriert darauf fällt –. Ich finde, es sieht wirklich elegant aus. Was?

Stadtvogt. Ja, wenn man sich solchen Luxus gestatten kann –

Stockmann. O ja; den kann ich mir jetzt schon gestatten. Käte sagt, daß ich fast schon so viel verdiene, wie wir brauchen.

Stadtvogt. Fast – jawohl!

Stockmann. Aber ein Mann der Wissenschaft muß doch auch ein bißchen vornehm leben. Ich bin überzeugt, daß ein gewöhnlicher Amtmann weit mehr im Jahre braucht als ich.

Stadtvogt. Ja, das glaube ich schon! Ein Amtmann, eine obrigkeitliche Person –

Stockmann. Na, und ein einfacher Großkaufmann! So einer braucht noch xmal so viel –

Stadtvogt. Ja, das liegt nun einmal in den Verhältnissen.

Stockmann. Übrigens gebe ich wirklich nichts unnütz aus, Peter. Aber ich kann mir denn doch nicht die Herzensfreude versagen, Menschen bei mir zu sehen. Das brauche ich, siehst Du. Ich war so lange in der Verbannung, – es ist mir ein Lebensbedürfnis, mit jungen, flotten, mutigen Leuten, mit freigesinnten, unternehmungslustigen Leuten zusammen zu sein –; und das sind sie alle, alle, die da drin sitzen und so tapfer zulangen. Ich wünschte, Du lerntest diesen Hovstad etwas näher kennen –

Stadtvogt. Hovstad, – ja, richtig, – er hat mir erzählt, daß er wieder einen Aufsatz von Dir drucken will.

Stockmann. Einen Aufsatz von mir?

Stadtvogt. Ja, über das Bad. Einen Aufsatz, den Du schon im Winter geschrieben hast.

Stockmann. Ach den, ja! – Aber den will Ich jetzt vorläufig nicht hinein haben.

Stadtvogt. Nicht? Mir scheint denn doch, gerade jetzt wäre die günstigste Zeit.

Stockmann. Ja, da hast Du schon recht; unter gewöhnlichen Verhältnissen –

Geht durchs Zimmer.

Stadtvogt *sieht ihm nach*. Was sollte denn jetzt wohl Ungewöhnliches an den Verhältnissen sein?

Stockmann *bleibt stehen*. Ja, Peter, das kann ich Dir in diesem Augenblick noch nicht sagen, wenigstens heut abend nicht. Vielleicht ist sehr vieles ungewöhnlich an den Verhältnissen; oder vielleicht auch gar nichts. Leicht möglich, daß es nur eine Einbildung ist.

Stadtvogt. Ich muß gestehen, das klingt höchst rätselhaft. Ist denn was los? Etwas, wovon ich nichts wissen soll? Ich sollte doch meinen, daß ich, als Vorsitzender der Badeverwaltung –

Stockmann. Und ich sollte meinen, daß ich –; na, Peter, wir wollen einander nicht in die Haare fahren.

Stadtvogt. I Gott, – es ist nicht meine Art, einem in die Haare zu fahren, wie Du sagst. Aber ich muß auf das entschiedenste darauf bestehen, daß alle Maßregeln auf dem geschäftsordnungsmäßigen Weg erledigt werden und durch die gesetzlich dazu bestellten Behörden. Ich kann nicht gestatten, daß man krumme Wege und Hintertreppen betritt.

Stockmann. Pflege *ich* je krumme Wege und Hintertreppen zu betreten?

Stadtvogt. Jedenfalls hast Du von Natur den Hang, Deine eigenen Wege zu gehen. Und das ist in einer wohlgeordneten Gesellschaft beinahe ebenso unstatthaft. Der einzelne muß sich durchaus dem Ganzen unterordnen, oder, richtiger gesagt, den Behörden, die über das Gemeinwohl zu wachen haben.

Stockmann. Mag sein. Aber was zum Henker geht mich das an?

Stadtvogt. Ja, mein guter Thomas, *das* eben scheinst Du nie lernen zu wollen. Aber paß nur auf; Du wirst schon noch einmal dafür büßen müssen, – früher oder später. Ich habe es Dir nun gesagt. Leb' wohl.

Stockmann. Aber bist Du denn ganz verrückt? Du bist auf ganz falscher Fährte –

Stadtvogt. Das pflege ich doch sonst nicht zu sein. Übrigens muß ich mir verbitten – *Grüßt ins Speisezimmer.* Adieu, Frau Schwägerin. Adieu, meine Herren. *Ab.*

Frau Stockmann *kommt ins Wohnzimmer.* Ist er gegangen?

Stockmann. Ja, und zwar in Wut und Ärger.

Frau Stockmann. Aber, lieber Thomas, was hast Du ihm denn wieder angetan?

Stockmann. Nicht das allergeringste. Er kann doch nicht verlangen, daß ich ihm Rechenschaft gebe, ehe die Zeit gekommen ist.

Frau Stockmann. Über was solltest Du ihm denn Rechenschaft geben?

Stockmann. Ach, laß mich damit in Ruhe, Käte. – Es ist doch sonderbar, daß der Postbote nicht kommt.

__Hovstad, Billing__ und __Horster__ sind vom Tische aufgestanden und kommen ins Wohnzimmer. Gleich darauf auch __Ejlif__ und __Morten__.

Billing, *reckt die Arme.* Ah! nach solch einer Mahlzeit ist man, Gott verdamm' mich, ein ganz neuer Mensch.

Hovstadt. Der Stadtvogt, scheint mir, war heut nicht grade in rosigster Laune.

Stockmann. Das kommt vom Magen her; er leidet an schlechter Verdauung.

Hovstadt. Besonders uns vom „Volksboten", die konnte er nicht verdauen.

Frau Stockmann. Sie sind, meine ich, doch noch leidlich gut mit ihm ausgekommen.

Hovstadt. Na ja, aber es ist doch immer nur eine Art Waffenstillstand.

Billing. *Das* ist's! Das Wort erschöpft die Situation.

Stockmann. Wir dürfen nicht vergessen, daß Peter ein einsamer Mann ist, der arme Kerl. Er hat kein Heim, wo er sich behaglich fühlt; nur Geschäfte, und immer wieder Geschäfte. Und dann der verdammte dünne Tee, den er fortwährend in sich hineingießt. Na, Jungens, so stellt doch Stühle an den Tisch. Käte, kriegen wir nicht bald unsern Toddy?

Frau Stockmann *geht nach dem Speisezimmer*. Ich bringe ihn gleich herein.

Stockmann. Setzen Sie sich zu mir aufs Sofa, Kapitän. Ein so seltener Gast wie Sie –. Bitte schön, nehmen Sie Platz, meine Freunde.

Die Herren setzen sich um den Tisch. Frau Stockmann bringt einen Präsentierteller, auf dem Teekessel, Gläser, Karaffe und Zubehör stehen.

Frau Stockmann. So. Hier ist Arrak, und das da ist Rum; und hier steht der Kognak. Jetzt muß sich jeder selbst bedienen.

Stockmann *nimmt das Glas*. Ja, das werden wir machen. *Während der Toddy gemischt wird.* Und nun die Zigarren! Ejlif, Du weißt sicher, wo die Kiste steht. Und Du, Morten, kannst mir meine Pfeife bringen. *Die Knaben gehen rechts ins Zimmer.* Ich habe Ejlif im Verdacht, daß er dann und wann eine Zigarre maust; aber ich lasse mir nichts merken. *Ruft.* Und dann mein Käppchen, Morten! Käte, kannst Du ihm nicht sagen, wo ich es hingelegt habe. Na, er hat es schon! *Die Knaben bringen das Verlangte.* Bitte schön, meine Freunde. Ihr wißt ja, ich bleibe bei der Pfeife; die hat da oben in Nordland mit mir manchen Sturm erlebt. *Stößt an.* Prosit! Ach, es ist schon ein ander Ding, hier mollig und sicher zu sitzen.

Frau Stockmann *strickend*. Gehen Sie bald in See, Herr Kapitän?

Horster. Nächste Woche hoffe ich fertig zu werden.

Frau Stockmann. Und dann fahren Sie wohl nach Amerika?

Horster. Ja, das ist meine Absicht.

Billing. Aber dann können Sie ja nicht bei den städtischen Neuwahlen mittun.

Horster. Sind hier Neuwahlen?

Billing. Das wissen Sie nicht?

Horster. Nein, von solchen Sachen lasse ich die Finger weg.

Billing. Aber um die öffentlichen Angelegenheiten kümmern Sie sich doch?

Horster. Nein, ich verstehe mich auf so etwas nicht.

Billing. Immerhin, – mitstimmen muß man doch wenigstens.

Horster. Die auch, die gar nichts davon verstehen?

Billing. Verstehen? Ja, wie meinen Sie das? Die Gesellschaft ist wie ein Schiff. Alle Mann müssen mittun am Steuerruder.

Horster. Fürs Festland mag das angebracht sein; aber an Bord würde es nicht gut gehen.

Hovstadt. Sonderbar, daß die Seeleute im allgemeinen sich so wenig um die Dinge auf dem Lande kümmern.

Billing. Ganz merkwürdig.

Stockmann. Die Seeleute sind wie die Zugvögel; sie fühlen sich im Süden wie im Norden zu Hause. Aber darum müssen wir andern um so tätiger sein, Herr Hovstad. Steht morgen was von allgemeinem Interesse im „Volksboten"?

Hovstadt. Nichts über städtische Angelegenheiten. Doch übermorgen dachte ich Ihren Aufsatz zu bringen –

Stockmann. Donnerwetter ja, der Aufsatz! Nein, hören Sie, damit müssen Sie warten.

Hovstadt. So? Jetzt haben wir aber just so schönen Platz, und ich meinte, der Augenblick wäre gerade sehr günstig –

Stockmann. Jawohl, da mögen Sie schon recht haben; Sie müssen aber trotzdem warten. Ich werde Ihnen später erklären –

Petra kommt in Hut und Mantel mit einem Stoß Schreibhefte unter dem Arm aus dem Vorzimmer.

Petra. Guten Abend.

Stockmann. Guten Abend, Petra; bist Du da?

Gegenseitige Begrüßung; Petra legt Hut, Mantel und Hefte auf einen Stuhl an der Tür.

Petra. Und hier sitzt man und tut sich gütlich, während ich draußen bin und mich abschufte.

Stockmann. Na, so tu Dir doch auch gütlich, Du.

Billing. Soll ich Ihnen ein Gläschen anmachen?

Petra *kommt an den Tisch*. Danke, das tue ich lieber selbst; Sie machen ihn mir immer zu stark an. Richtig ja, Vater! Ich habe einen Brief für Dich. *Geht zu dem Stuhl, wo ihre Sachen liegen.*

Stockmann Einen Brief! Von wem?

Petra *sucht in der Manteltasche*. Der Postbote hat ihn mir gegeben, gerade als ich das Haus verließ –

Stockmann *steht auf und geht zu ihr*. Und da gibst Du ihn erst jetzt ab!

Petra. Ich hatte wirklich nicht Zeit, wieder herauf zu laufen! Bitte schön, hier ist er.

Stockmann *nimmt schnell den Brief*. Laß mich sehen; laß mich sehen, mein Kind. *Sieht die Aufschrift an.* Ja, ganz recht –!

Frau Stockmann. Ist das der, auf den Du so gewartet hast, Thomas?

Stockmann. Ja freilich; jetzt muß ich gleich hinein –. Wo kriege ich ein Licht her, Käte? Es ist schon wieder keine Lampe in meinem Zimmer!

Frau Stockmann. Doch; die Lampe steht auf dem Schreibtisch und brennt.

Stockmann. Gut, gut. Entschuldigen Sie einen Augenblick – *Ab in das Zimmer rechts.*

Petra. Was kann das nur sein, Mutter?

Frau Stockmann. Ich weiß nicht. In den letzten Tagen hat er so oft nach dem Postboten gefragt.

Billing. Vermutlich ein auswärtiger Patient –

Petra. Armer Vater; es wird bald zu viel, was er zu tun hat. *Bereitet sich den Toddy.* Ah, das soll schmecken!

Hovstadt. Haben Sie heut auch Abendunterricht gehabt?

Petra *nippt an ihrem Glase.* Zwei Stunden.

Billing. Und vormittags vier Stunden im Institut –

Petra *setzt sich an den Tisch.* Fünf Stunden.

Frau Stockmann. Und heut abend hast Du noch Hefte zu korrigieren, wie ich sehe.

Petra. Ja, einen ganzen Haufen.

Horster. Sie haben auch alle Hände voll zu tun, wie mir scheint.

Petra. Ja, aber das ist famos! Man wird hernach so himmlisch müde.

Billing. Und das mögen Sie?

Petra. Ja, weil man dann so gut schläft.

Morten. Du, Petra, Du mußt mächtig sündhaft sein.

Petra. Sündhaft?

Morten. Ja, weil Du so viel arbeitest. Herr Rörlund sagt, das Arbeiten, das ist eine Strafe für unsere Sünden.

Ejlif *pfeift.* Pah! Wie dumm Du bist, so etwas zu glauben.

Frau Stockmann. Na, na, Ejlif!

Billing *lacht.* Nein, das ist ausgezeichnet.

Hovstadt. Du möchtest wohl nicht gern so viel arbeiten, Morten?

Morten. Nein, das möchte ich nicht.

Hovstadt. Ja, aber was willst Du denn einmal werden?

Morten. *Ich* möchte am liebsten Wiking werden.

Ejlif. Aber dann müßtest Du ja Heide sein!

Morten. Ja, dann könnte ich ja Heide werden.

Billing. Darin halte ich es mit Dir, Morten! Ich sage genau dasselbe.

Frau Stockmann *macht ihm ein Zeichen.* Das ist doch Ihr Ernst nicht, – nein, Herr Billing.

Billing. Ja, Gott verdamm' mich –! Ich *bin* ein Heide, und darauf bin ich stolz. Passen Sie mal auf, bald werden wir alle Heiden, einer wie der andere.

Morten. Und dürfen wir dann alles tun, was wir wollen?

Billing. Ja, sieh mal, Morten –

Frau Stockmann. Nun macht aber, daß Ihr hineinkommt, Ihr Jungens; Ihr habt gewiß noch Schularbeiten für morgen.

Ejlif. Ich könnte doch ganz gut noch ein bißchen bleiben –

Frau Stockmann. Auch Du nicht; Ihr sollt jetzt beide gehen.

Die Knaben sagen Gutenacht und gehen in das Zimmer links.

Hovstadt. Glauben Sie wirklich, es könnte den Jungens schaden, wenn sie so etwas hören?

Frau Stockmann. Ja, ich weiß nicht; aber ich habe es nicht gern.

Petra. Aber, Mutter; mir scheint, das ist von Dir so verkehrt wie möglich.

Frau Stockmann. Mag sein; aber ich habe es nicht gern; wenigstens nicht hier zu Hause.

Petra. Zu Hause wie in der Schule ist so viel Unwahrheit. Zu Hause soll geschwiegen werden, und in der Schule müssen wir den Kindern vorlügen.

Horster. Vorlügen?

Petra. Ja, meinen Sie nicht, wir trügen sehr vieles vor, woran wir selbst nicht glauben?

Billing. Ja, das ist nur allzu wahr.

Petra. Hätte ich nur die Mittel, ich würde selber eine Schule gründen, und da sollte es anders zugehen.

Billing. Ach was, Mittel –

Horster. Wenn's weiter nichts ist, Fräulein Stockmann, so stelle ich Ihnen gern bei mir ein Lokal zur Verfügung. Das große Haus meines seligen Vaters steht ja so gut wie leer; zu ebener Erde ist ein riesiger Speisesaal –

Petra *lacht.* Ja, ja – ich danke Ihnen recht schön; aber es wird wohl nichts draus werden.

Hovstadt. Ach nein, Fräulein Petra geht wohl eher unter die Zeitungsschreiber, meine ich. Doch daß ich es nicht vergesse, – haben Sie Zeit gehabt, ein bißchen in die englische Erzählung hinein zu gucken, die Sie für uns übersetzen wollten?

Petra. Nein, noch nicht. Aber Sie bekommen sie rechtzeitig.

Stockmann kommt aus seinem Zimmer mit dem offenen Brief in der Hand.

Stockmann *schwingt den Brief.* Jetzt, paßt mal auf, soll die Stadt eine Neuigkeit hören!

Billing. Eine Neuigkeit?

Frau Stockmann. Was ist das für eine Neuigkeit?

Stockmann. Ein große Entdeckung, Käte!

Hovstadt. So?

Frau Stockmann. Die Du gemacht hast?

Stockmann. Ich, allerdings. *Geht auf und ab.* Laßt sie nur kommen und, wie gewöhnlich, sagen, daß es Grillen und Einfälle eines verrückten Kerls sind. Aber sie werden sich wohl hüten! Haha! Sie werden sich hüten, denke ich!

Petra. Aber Vater, so sag' doch, was es ist.

Stockmann. Ja, ja, laßt mir nur Zeit, dann sollt Ihr alles erfahren. Ach, hätt' ich jetzt nur den Peter da! Da sieht man, wie wir Menschen herumlaufen und urteilen können wie die blindesten Maulwürfe –

Hovstadt. Wie meinen Sie das, Herr Doktor?

Stockmann *bleibt am Tisch stehen.* Ist es nicht die allgemeine Ansicht, daß unsere Stadt ein gesunder Ort ist?

Hovstadt. Ei freilich.

Stockmann. Ein ganz außerordentlich gesunder Ort obendrein – ein Ort, der unseren kranken wie unseren gesunden Mitmenschen nicht warm genug empfohlen werden kann –

Frau Stockmann. Aber, lieber Thomas –

Stockmann. Und empfohlen und gepriesen haben wir ihn denn auch! Ich habe geschrieben und geschrieben, im „Volksboten" wie in Flugschriften –

Hovstadt. Nun ja, und –?

Stockmann. Dieses Bad, das man die Pulsader der Stadt und den Lebensnerv der Stadt und – und weiß der Teufel wie sonst noch nennt –

Billing. „Das pochende Herz der Stadt" habe ich mir mal in einer festlichen Stunde erlaubt zu –

Stockmann. Na ja, das auch. Aber wissen Sie denn, was es in Wirklichkeit ist, dieses große, prächtige, gepriesene Bad, das so viel Geld gekostet hat, – wissen Sie, was es ist?

Hovstadt. Nein, was denn?

Frau Stockmann. Ja, was ist denn?

Stockmann. Das ganze Bad ist eine Pesthöhle.

Petra. Das Bad, Vater!

Frau Stockmann *zu gleicher Zeit.* Unser Bad!

Hovstadt *ebenso.* Aber Herr Doktor –

Billing. Ganz unglaublich!

Stockmann. Das ganze Bad ist ein übertünchtes, vergiftetes Grab, sag' ich. Gesundheitsgefährlich im allerhöchsten Grade! Der ganze Unrat da oben im Mühltal, – alles, was da so eklig riecht, – es infiziert das Wasser in den Zuflußröhren des Brunnenhauses, und dieser selbe verdammte, vergiftete Dreck sickert auch hinunter zum Strande –

Horster. Wo die Seebäder liegen?

Stockmann. Eben dahin.

Hovstadt. Woher wissen Sie denn das alles so genau, Herr Doktor?

Stockmann. Ich habe die Verhältnisse so gewissenhaft wie nur denkbar untersucht. Ach, ich hatte schon lange einen solchen Verdacht gehegt. Voriges Jahr kam eine Reihe auffallender Krankheitsfälle unter den Badegästen vor, – Fälle von Typhus und gastrischem Fieber –

Frau Stockmann. Ja, das ist freilich wahr.

Stockmann. Damals glaubten wir, die Fremden hätten die Ansteckung mitgebracht; hernach aber – in diesem Winter – bin ich auf andere Gedanken gekommen; und dann machte ich mich dran, das Wasser zu untersuchen, so gut es sich tun ließ.

Frau Stockmann. Das war es also, was Dir so viel zu schaffen gemacht hat?

Stockmann. Ja, Käte, Du darfst schon sagen, daß es mir zu schaffen gemacht hat. Aber hier fehlten mir ja die nötigen wissenschaftlichen Hilfsmittel; und so schickte ich Proben vom Trinkwasser wie vom Seewasser an die Universität, um von einem Chemiker eine exakte Analyse zu erhalten.

Hovstadt. Und die haben Sie jetzt erhalten?

Stockmann *zeigt den Brief.* Hier habe ich sie! Das Vorhandensein verfaulter organischer Stoffe ist im Wasser nachgewiesen – Infusorien in Massen. Das Wasser ist absolut schädlich für die Gesundheit, ob es nun innerlich oder äußerlich gebraucht wird.

Frau Stockmann. Es ist ein wahres Glück, daß Du noch beizeiten dahinter gekommen bist.

Stockmann. Ja, da hast Du recht.

Hovstadt. Und was werden Sie jetzt tun, Herr Doktor?

Stockmann. Natürlich versuchen, Wandel zu schaffen.

Hovstadt. Das ist also möglich?

Stockmann. Es muß möglich sein. Sonst ist das ganze Bad unbrauchbar, – ruiniert. Aber damit hat es keine Not, Ich bin vollständig mit mir im reinen darüber, was hier zu tun ist.

Frau Stockmann. Aber, bester Thomas, daß Du dies alles so geheim gehalten hast.

Stockmann. Ja, hätte ich vielleicht in der Stadt herumrennen und es ausposaunen sollen, ehe ich noch volle Gewißheit hatte? Ich werde mich hüten – so dumm bin ich nicht.

Petra. Na, aber Deiner Familie –

Stockmann. Keiner Menschenseele. Doch morgen kannst Du zum „Dachs" laufen –

Frau Stockmann. Aber Thomas –!

Stockmann. Na, also zum Großvater. Ja, der Alte, der wird ein Gesicht machen! Er glaubt ja, ich bin verrückt; na ja, ich weiß schon: es gibt noch mehr Leute, die das glauben. Jetzt sollen die Herrschaften aber sehen –; jetzt sollen Sie sehen –! *Geht umher und reibt sich die Hände.* Was wird das für einen Krach in der Stadt geben, Käte! Davon kannst Du Dir gar keinen Begriff machen. Die ganze Wasserleitung muß umgelegt werden.

Hovstadt *steht auf.* Die ganze Wasserleitung –?

Stockmann. Ja, versteht sich. Das Aufnahmebecken liegt zu niedrig; es muß nach einer weit höheren Stelle verlegt werden.

Petra. So hast Du also doch recht gehabt.

Stockmann. Ja, Du erinnerst Dich, Petra? Ich habe dagegen geschrieben, als man den Bau beginnen wollte. Aber damals wollte kein Mensch auf mich hören. Na, glaubt mir nur, ich werde ihnen die volle Ladung geben; – denn ich habe natürlich eine Eingabe an die Badeverwaltung aufgesetzt; sie liegt seit einer ganzen Woche fertig da; ich habe nur noch auf das da gewartet. *Zeigt den Brief.* Aber nun soll sie auch auf der Stelle fort. *Geht in sein Zimmer und kommt mit einem Paket Schriftstücke zurück.* Da seht! Vier engbeschriebene Bogen voll! Und der Brief soll mit dazu. Eine Zeitung, Käte! Gib mir etwas zum Einwickeln! Gut; so; gib's der – der –; *stampft mit dem Fuß auf.* Donnerwetter, wie heißt sie doch gleich? Na, also gib's dem Mädchen und sag' ihr, sie soll es sofort zum Stadtvogt bringen.

Frau Stockmann mit dem Paket durch das Speisezimmer ab.

Petra. Vater, was, glaubst Du, wird Onkel Peter sagen?

Stockmann. Was sollte er denn sagen? Er wird doch wohl froh sein, denke ich, daß eine so wichtige Wahrheit an den Tag kommt.

Hovstadt. Darf ich eine kleine Notiz über Ihre Entdeckung im „Volksboten" bringen?

Stockmann. Ja, dafür wäre ich Ihnen sehr dankbar.

Hovstadt. Es ist doch wünschenswert, daß das Publikum so schnell wie möglich davon unterrichtet wird.

Stockmann. Ja, gewiß.

Frau Stockmann *kommt zurück.* Sie ist schon fort damit.

Billing. Bald sind Sie – Gott verdamm' mich – der erste Mann der Stadt, Herr Doktor!

Stockmann *geht vergnügt umher.* Ach was! Im Grunde habe ich ja doch nur meine Pflicht getan. Ich bin ein glücklicher Schatzgräber gewesen; das ist alles; trotzdem aber –

Billing. Hovstad, was meinen Sie, müßte die Stadt nicht dem Doktor einen Fackelzug bringen?

Hovstadt. Ich will es wenigstens befürworten.

Billing. Und ich werde mit Aslaksen drüber reden.

Stockmann. Nein, liebe Freunde, solche Narreteien, die laßt nur bleiben; von solchen Veranstaltungen will ich nichts wissen. Und wenn es der Badeverwaltung vielleicht einfallen sollte, mir eine Gehaltszulage zu bewilligen, so nehme ich sie nicht an. Käte, das sag' ich Dir, – ich nehme sie nicht an.

Frau Stockmann. Das ist recht von Dir, Thomas.

Petra *erhebt ihr Glas.* Prosit, Vater!

Hovstadt und **Billing.** Prosit, prosit, Herr Doktor!

Horster *stößt mit dem Doktor an.* Mögen Sie nur Freude an der Geschichte erleben!

Stockmann. Danke schön, danke schön, meine lieben Freunde! Ich bin so herzensfroh –; ach, es ist doch etwas Herrliches, das Bewußtsein: sich um seine Vaterstadt und seine Mitbürger verdient gemacht zu haben. Hurra, Käte!

Schlingt beide Arme um ihren Hals und wirbelt mit ihr im Kreise herum. Frau Stockmann schreit und sträubt sich. Lachen, Händeklatschen und Hochrufe. Die Knaben stecken den Kopf durch die Türe.

Zweiter Akt

Wohnzimmer des Doktors.

Die Tür zum Speisezimmer ist zu. Vormittag.

Frau Stockmann *kommt, einen versiegelten Brief in der Hand, aus dem Speisezimmer, geht rechts durch die vorderste Tür und guckt hinein.* Bist Du da, Thomas?

Stockmann *drinnen.* Ja, ich bin eben gekommen. *Tritt ein.* Was ist?

Frau Stockmann. Ein Brief von Deinem Bruder. *Reicht ihm den Brief.*

Stockmann. Aha, laß sehen. *Öffnet ihn und liest:* "Das übersandte Manuskript folgt anbei zurück –" *Liest murmelnd weiter.* Hm –

Frau Stockmann. Was sagt er denn?

Stockmann *steckt das Papier in die Tasche.* Nichts, er schreibt nur, daß er gegen Mittag selber mit herankommen wird.

Frau Stockmann. Dann vergiß ja nicht, zu Hause zu bleiben.

Stockmann. Es paßt gut; denn mit meinen Morgenbesuchen bin ich fertig.

Frau Stockmann. Ich bin riesig neugierig, wie er die Sache aufnimmt.

Stockmann. Du sollst sehen, es wird ihm nicht recht sein, daß *ich* diese Entdeckung gemacht habe, und nicht er selbst.

Frau Stockmann. Das fürchtest Du also auch?

Stockmann. Na, im Grunde wird es ihn ja freuen, weißt Du. Trotzdem aber –; Peter hat eine Heidenangst, es könnten noch andere Leute etwas für das Wohl der Stadt tun.

Frau Stockmann. Weißt Du was, Thomas, Du solltest nett sein und die Ehre mit ihm teilen. Könnte es nicht heißen, *er* habe Dich auf die Spur gebracht –?

Stockmann. Na meinetwegen schon. Wenn ich die Sache nur ins Lot bringe, so –

Morten Kiil *steckt den Kopf durch die Tür des Vorzimmers, sieht sich forschend um, lacht in sich hinein und fragt pfiffig*: Ist's – ist's wahr?

Frau Stockmann *ihm entgegen*. Vater, – Du bist es?

Stockmann. Seh' einer an, Schwiegervater! Guten Morgen, guten Morgen!

Frau Stockmann. Aber so komm doch herein.

Kiil. Ja, bloß wenn es wahr ist, sonst gehe ich wieder.

Stockmann. Was soll denn wahr sein?

Kiil. Der Blödsinn mit dem Wasserwerk. Ist das wahr?

Stockmann. Ei natürlich. Aber wie haben *Sie* denn das erfahren ?

Kiil *tritt ein*. Petra war auf einen Sprung da, als sie zur Schule ging –

Stockmann. So, wirklich?

Kiil. Ja, haha, und da hat sie denn erzählt –. Ich dachte, sie wollte mich bloß zum Narren haben, obgleich das Petra auch wieder nicht ähnlich sieht.

Stockmann. Nein, wie konnten Sie nur so etwas denken!

Kiil. Ach, man soll keinem trauen; ehe man sich dessen versieht, ist man hinters Licht geführt. Es ist also doch wahr?

Stockmann. Ganz gewiß doch. Aber so setzen Sie sich doch, Schwiegervater. *Nötigt ihn aufs Sofa.* Und ist es nicht ein wahres Glück für die Stadt –?

Kiil *kämpft mit dem Lachen*. Glück für die Stadt?

Stockmann. Daß ich diese Entdeckung noch beizeiten gemacht habe –

Kiil *wie vorher*. Ja, ja, ja! – Aber nie und nimmer hätte ich geglaubt, daß Sie Ihren leiblichen Bruder hineinlegen würden.

Stockmann. Hineinlegen –!

Frau Stockmann. Aber lieber Vater –

Kiil *stützt Hände und Kinn auf die Stockkrücke und zwinkert dem Doktor listig zu.* Wie war das doch? Es sollten ja wohl Tiere in die Wasserröhren hineingekommen sein?

Stockmann. Jawohl, Infusionstierchen.

Kiil. Und es sollten ja viele solche Tiere hineingekommen sein, sagt Petra. Eine ganz riesige Masse.

Stockmann. Freilich, es können wohl an die hundert-, hunderttausende sein.

Kiil. Aber kein Mensch kann sie sehen, – was?

Stockmann. Nein, sehen kann man sie nicht.

Kiil *mit leisem, glucksendem Lachen.* Hol' mich der Teufel, dies ist das Großartigste, was ich noch von Ihnen gehört habe.

Stockmann. Wie denn?

Kiil. Aber so etwas können Sie doch dem Stadtvogt im Leben nicht weiß machen.

Stockmann. Na, das werden wir schon sehen.

Kiil. Meinen Sie, er wäre so verrückt?

Stockmann. Ich hoffe, die ganze Stadt wird so verrückt sein.

Kiil. Die ganze Stadt! I, das kann schon sein. Aber das schadet den Leuten nicht; das ist ihnen ganz recht. Sie wollten ja immer so sehr viel klüger sein als wir Alten. Sie hundsfottierten mich aus dem Stadtrat heraus. Wie einen Hund haben sie mich herausvotiert, die Leute! Aber jetzt kriegen sie ihr Fett. Legen Sie sie nur ordentlich hinein, Stockmann.

Stockmann. Aber, Schwiegervater –

Kiil. Ordentlich hinein, sag' ich. *Steht auf.* Wenn Sie es dahin bringen, daß der Stadtvogt und seine Freunde in die Patsche zu sitzen kommen, dann gebe ich auf der Stelle hundert Kronen für die Armen.

Stockmann. Ei, das wäre nett von Ihnen.

Kiil. Ich habe das Geld auch nicht so dick, wissen Sie wohl, aber wenn Sie es dahin bringen, so kriegen die Armen von mir zu Weihnachten 'n halb hundert Kronen.

Hovstad durchs Vorzimmer.

Hovstadt. Guten Morgen! *Bleibt stehen.* Ach, Pardon –

Stockmann. Kommen Sie nur; kommen Sie.

Kiil *gluckst wieder.* Der! Ist der auch mit dabei?

Hovstadt. Was meinen Sie?

Stockmann. Gewiß ist er mit dabei.

Kiil. Hätt's mir auch denken können! Es muß ja in die Zeitungen. Ja, Sie sind mir schon der rechte, Stockmann. Na, überlegen Sie sich's nur; jetzt gehe ich.

Stockmann. Ach was, Schwiegervater, bleiben Sie noch ein bißchen.

Kiil. Nein, ich gehe jetzt. Und denken Sie nach, wie Sie sie am besten hineinlegen. Donnerwetter ja, Sie sollen es nicht umsonst getan haben. *Ab; Frau Stockmann begleitet ihn hinaus.*

Stockmann *lacht.* Denken Sie bloß, der Alte glaubt kein Wort von der Geschichte mit dem Wasserwerk.

Hovstadt. Ach, *das* war's –!

Stockmann. Ja, davon haben wir gesprochen. Und Sie kommen am Ende in derselben Sache?

Hovstadt. Allerdings. Haben Sie einen Augenblick Zeit, Herr Doktor?

Stockmann. So lange Sie wollen, mein Lieber.

Hovstadt. Haben Sie schon etwas vom Stadtvogt gehört?

Stockmann. Noch nichts. Er kommt später her.

Hovstadt. Ich habe seit gestern viel über die Sache nachgedacht.

Stockmann. Nun, und?

Hovstadt. Für Sie als Arzt und Mann der Wissenschaft steht dieser Fall mit dem Wasserwerk da als eine Sache für sich. Ich meine, es fällt Ihnen nicht auf, daß sie mit einer Menge anderer Dinge im Zusammenhang steht.

Stockmann. Ja, wie –? Setzen wir uns, mein Lieber. – Nein, da aufs Sofa.

Hovstad setzt sich aufs Sofa, der Doktor in einen Lehnstuhl auf der anderen Seite des Tisches.

Stockmann. Nun? Sie meinen also –?

Hovstadt. Sie haben gestern gesagt, das verdorbene Wasser käme von Unreinlichkeiten im Erdboden her.

Stockmann. Ja, ohne Zweifel kommt es aus dem verpesteten Sumpf da oben im Mühltal.

Hovstadt. Pardon, Herr Doktor, aber ich glaube, es kommt aus einem ganz anderen Sumpf.

Stockmann. Was sollte das für einer sein?

Hovstadt. Der Sumpf, in dem unser ganzes kommunales Leben steht und fault.

Stockmann. Aber, zum Henker, Herr Hovstad, was sind das für Reden?

Hovstadt. Alle städtischen Angelegenheiten sind nach und nach in die Hände einer Beamtengruppe gekommen –

Stockmann. Na, es sind doch nicht alle zusammen Beamte.

Hovstadt. Nein, – aber die, die nicht Beamte sind, die sind jedenfalls Freunde und Anhänger von den Beamten, es sind die reichen Leute, die alten angesehenen Namen der Stadt, die sind es, die unser Wohl und Wehe in der Hand haben.

Stockmann. Ja, aber diese Leute, die sind doch auch wirklich tüchtig und intelligent.

Hovstadt. Haben sie Tüchtigkeit und Intelligenz bewiesen, als sie die Wasserleitung da anlegten, wo sie jetzt liegt?

Stockmann. Nein, *das* war natürlich eine große Dummheit von ihnen. Aber die soll ja nun wieder gut gemacht werden.

Hovstadt. Glauben Sie, daß das so glatt gehen wird ?

Stockmann. Glatt oder nicht, – gehen wird es auf alle Fälle.

Hovstadt. Ja, wenn die Presse eingreifen darf.

Stockmann. Wird gar nicht nötig sein, mein Lieber. Ich bin überzeugt, daß mein Bruder –

Hovstadt. Pardon, Herr Doktor, aber ich will Ihnen nur sagen, ich beabsichtige, die Sache selber in die Hand zu nehmen.

Stockmann. In der Zeitung?

Hovstadt. Jawohl. Als ich den „Volksboten" übernahm, da war mein Gedanke, diesen Ring von alten, eigensinnigen Rechthabern zu sprengen, die über allen Einfluß geboten.

Stockmann. Aber Sie haben mir doch selbst erzählt, was das Ende davon war; Sie hatten das Blatt damit ja fast ruiniert.

Hovstadt. Ja, damals mußten wir den Degen einstecken – das ist wahr. Denn es war Gefahr, daß das Bad nicht zustande kommen würde, wenn jene Männer fielen. Aber jetzt steht es da, und nun sind die hohen Herren überflüssig.

Stockmann. Überflüssig, ja; aber wir schulden ihnen doch großen Dank.

Hovstadt. Der soll ihnen auch werden, wie es sich gebührt. Aber ein Zeitungsschreiber von meiner volkstümlichen Richtung kann eine Gelegenheit wie diese nicht vorübergehen lassen. Es muß gerüttelt werden an der Fabel von der Unfehlbarkeit der leitenden Männer. So etwas muß ausgerottet werden wie jeder andere Aberglaube.

Stockmann. Darin pflichte ich Ihnen von ganzem Herzen bei, Herr Hovstad; ist es ein Aberglaube, dann weg damit!

Hovstadt. Dem Stadtvogt möchte ich ungern zunahe treten, weil er Ihr Bruder ist. Aber Sie sind doch gewiß mit mir der Ansicht, daß die Wahrheit allen anderen Rücksichten vorgeht.

Stockmann. Das versteht sich ja von selbst. – *Erregt.* Ja, aber –! Aber –!

Hovstadt. Sie dürfen nicht schlecht von mir denken. Ich bin weder eigennütziger noch ehrgeiziger als die Menschen im allgemeinen.

Stockmann. Aber, mein Lieber, – wer behauptet denn das?

Hovstadt. Ich stamme von geringen Leuten ab, wie Sie wissen; und ich habe hinreichend Gelegenheit gehabt, zu sehen, was den unteren Volksschichten am meisten not tut. Und das ist: teilzuhaben an der Leitung der allgemeinen Angelegenheiten, Herr Doktor. *Das* eben entwickelt Fähigkeiten und Kenntnisse und Selbstgefühl. –

Stockmann. Das leuchtet mir außerordentlich ein –

Hovstadt. Ja, – und dann meine ich auch, daß ein Journalist eine schwere Verantwortung auf sich ladet, wenn er eine günstige Gelegenheit versäumt zur Befreiung der Menge, der Geringen, der Unterdrückten. Ich weiß wohl, – im Lager der Großen wird man das Aufwiegelei und so weiter nennen; mögen sie das meinetwegen tun, wenn sie wollen. Wenn ich nur mein Gewissen rein fühle, so –

Stockmann. Recht so! Recht so, lieber Herr Hovstad. Trotzdem aber – Donnerwetter–! *Es klopft.* Herein!

Aslaksen in der Vorzimmertür. Er ist schlicht, aber anständig gekleidet, in schwarz, mit einer weißen, etwas zerknitterten Halsbinde; Handschuhe und Filzhut hat er in der Hand.

Aslaksen *verbeugt sich.* Verzeihung, Herr Doktor, daß ich mir herausnehme –

Stockmann *steht auf.* Ei, sieh da – da ist ja der Herr Aslaksen!

Aslaksen. Ja, freilich, Herr Doktor.

Hovstadt *steht auf.* Suchen Sie *mich*, Aslaksen?

Aslaksen. Nein, das nicht; ich wußte nicht mal, daß ich Sie hier treffen würde. Nein, ich suche den Herrn Doktor selbst –

Stockmann. Na, was steht zu Diensten?

Aslaksen. Ist es wahr, Herr Doktor, was ich von Herrn Billing gehört habe, daß Sie uns ein besseres Wasserwerk schaffen wollen?

Stockmann. Ja, für das Bad.

Aslaksen. Jawohl; verstehe schon. Na, so komme ich, um zu sagen, daß ich die Sache nach meinen Kräften unterstützen werde.

Hovstadt *zum Doktor*. Sehen Sie!

Stockmann. Meinen herzlichsten Dank; aber –

Aslaksen. Es könnte ja doch vielleicht nützlich sein, uns Kleinbürger im Rücken zu haben. Wir bilden hier in der Stadt sozusagen eine kompakte Majorität, – wenn wir *wollen*. Und es kann nie schaden, die Majorität auf seiner Seite zu haben, Herr Doktor.

Stockmann. Das ist unzweifelhaft wahr; aber ich kann nur nicht begreifen, daß hier besondere Vorkehrungen vonnöten sein sollten. Ich meine, eine so klare und einfache Sache –

Aslaksen. O doch, das könnte immerhin nicht schaden; die lokalen Behörden, die kenne ich doch gründlich. Die Machthaber gehen nicht gern gutwillig auf Vorschläge ein, die von anderen Leuten kommen. Und deshalb, meine ich, wäre es nicht unangebracht, wenn wir ein bißchen demonstrierten.

Hovstadt. Sehr richtig.

Stockmann. Demonstrierten, sagen Sie? Ja, wie wollen Sie denn eigentlich demonstrieren?

Aslaksen. Natürlich mit Maß und Ziel, Herr Doktor; ich befleißige mich immer der Mäßigung; denn Mäßigung, das ist die erste Bürgerpflicht, – *meines* Erachtens.

Stockmann. Dafür sind Sie ja auch bekannt, Herr Aslaksen.

Aslaksen. Ja, ich glaube schon, das darf ich sagen. Und diese Sache mit dem Wasserwerk, die ist für uns Kleinbürger enorm wichtig. Das Bad verspricht eine kleine Goldgrube für die Stadt zu werden. Vom Bade wollen wir alle zusammen leben, zumal wir Hausbesitzer. Deshalb wollen wir auch das Unternehmen mit allen Kräften unterstützen. Und da ich nun Vorsitzender des Vereins der Hausbesitzer bin –

Stockmann. Ja –?

Aslaksen. – und außerdem eine Rolle im Mäßigkeitsverein spiele, – Sie wissen doch, Herr Doktor, daß ich für die Mäßigkeitssache tätig bin?

Stockmann. Ja, versteht sich.

Aslaksen. Na, – so ist es doch begreiflich, daß ich mit einer ganzen Masse Leute zusammenkomme. Und da ich als besonnener und gefügiger Staatsbürger bekannt bin, wie Herr Doktor selbst sagten, so habe ich ja einen gewissen Einfluß in der Stadt, – eine Art kleiner Machtstellung, – wenn ich es selbst sagen darf.

Stockmann. Das weiß ich sehr wohl, Herr Aslaksen.

Aslaksen. Ja, sehen Sie – drum wäre es eine Leichtigkeit für mich, eine Adresse zusammenzubringen, wenn die Sache schief gehen sollte.

Stockmann. Eine Adresse, sagen Sie?

Aslaksen. Ja, eine Art Dankadresse seitens der Bürgerschaft, weil Sie diese gemeinnützige Sache ans Licht gebracht haben. Selbstverständlich müßte sie mit der gebührenden Mäßigung verfaßt sein, so daß sie weder bei den Behörden noch bei den andern Machthabern Anstoß erregt. Und wenn wir *da*rauf nur genau achten, so kann es uns niemand übelnehmen, denke ich.

Hovstadt. Na, und selbst wenn sie nicht so sehr nach dem Geschmack dieser Leute wäre, so –

Aslaksen. Nein, nein, nein! Keine Kränkung der Obrigkeit, Herr Hovstad. Keine Opposition gegen Leute, die uns so dicht auf den Hacken sitzen. Davon weiß ich ein Liedchen zu singen; und es kommt auch nie etwas Gutes dabei heraus. Aber die besonnenen und freimütigen Äußerungen eines Staatsbürgers, die können keinem verdacht werden.

Stockmann *schüttelt ihm die Hand*. Ich kann Ihnen gar nicht sagen, lieber Aslaksen, wie aufrichtig ich mich freue, bei meinen Mitbürgern einem solchen Verständnis zu begegnen. Ich bin so froh – so froh! Sie, wie wär's mit einem Gläschen Sherry? Was?

Aslaksen. Nein, danke sehr; ich nehme nie Spirituosen dieser Art.

Stockmann. Aber ein Glas Bier? Was meinen Sie dazu?

Aslaksen. Danke sehr, auch das nicht, Herr Doktor; so früh am Tage nehme ich nie etwas zu mir. Nun will ich aber in die Stadt und mit etlichen Hausbesitzern reden und die Stimmung bearbeiten.

Stockmann. Das ist außerordentlich liebenswürdig von Ihnen, Herr Aslaksen; aber es will mir durchaus nicht in den Kopf, daß alle diese Vorkehrungen notwendig sein sollten; ich meine, die Sache müßte sich ganz von selbst machen.

Aslaksen. Die Behörden arbeiten ein bißchen schwerfällig, Herr Doktor. Gott behüte, ich sage das nicht, um sie zu tadeln –

Hovstadt. Morgen werden wir sie munter machen, im Blatt, Aslaksen.

Aslaksen. Aber bloß nicht gewaltsam, Herr Hovstad. Gehen Sie mit Mäßigung vor, sonst kriegen Sie die Leute nicht vom Fleck; hören Sie nur auf meinen Rat, denn ich habe in der Schule des Lebens Erfahrungen gesammelt. – Jetzt muß ich mich aber empfehlen, Herr Doktor. Sie wissen nun, daß wir Kleinbürger jedenfalls wie eine Mauer hinter Ihnen stehen. Sie haben die kompakte Majorität auf Ihrer Seite, Herr Doktor.

Stockmann. Danke schön, mein lieber Herr Aslaksen. *Reicht ihm die Hand.* Adieu, adieu!

Aslaksen. Kommen Sie mit in die Druckerei, Herr Hovstad?

Hovstadt. Ich komme nach; ich habe noch eine Kleinigkeit zu erledigen.

Aslaksen. Gut, gut. *Er grüßt und geht; Stockmann begleitet ihn ins Vorzimmer.*

Hovstadt, *während Stockmann ins Zimmer zurückkommt.* Na, was sagen Sie nun, Herr Doktor? Glauben Sie nicht, daß es endlich an der Zeit ist, hier auszulüften und all diese Schlaffheit und Halbheit und Feigheit aufzurütteln?

Stockmann. Meinen Sie damit den Aslaksen?

Hovstadt. Allerdings. Er gehört mit zu denen, die im Sumpf stecken, – so ein braver Mann er auch sonst sein mag. Und so sind die meisten hier bei uns; sie schwanken und wanken nach beiden Seiten; vor lauter Rücksichten und Bedenken wagen sie nie, einen ganzen Schritt zu tun.

Stockmann. Ja, aber Aslaksen scheint mir doch recht anständige Gesinnungen zu haben.

Hovstadt. Es gibt was, das ich noch höher stelle; und das ist: dazustehen als ein unabhängiger, selbstsicherer Mann.

Stockmann. Da gebe ich Ihnen vollständig recht.

Hovstadt. Deshalb will ich jetzt die Gelegenheit nicht vorübergehen lassen, zu versuchen, ob ich die besseren Elemente bei uns nicht dahin bringen kann, sich aufzuraffen mit *einem* Mal. Der Autoritätsdusel hier muß aufhören. Dieser unverantwortliche Mißgriff mit dem Wasserwerk muß allen stimmberechtigten Mitbürgern zu Gemüte geführt werden.

Stockmann. Gut; wenn Sie meinen, daß es für das allgemeine Beste ist, so mag es geschehen; aber nicht eher, als bis ich mit meinem Bruder gesprochen habe.

Hovstadt. Inzwischen schreibe ich für alle Fälle einen Leitartikel. Und wenn dann der Stadtvogt für die Sache nicht zu haben ist –

Stockmann. Ach, wie können Sie das nur denken?

Hovstadt. Das kann ich mir sehr wohl denken. *Dann* also –?

Stockmann. Ja, dann verspreche ich Ihnen –; hören Sie, – dann können Sie meine Abhandlung drucken, – dann ins Blatt mit ihr ganz und gar!

Hovstadt. Darf ich das? Ist das ein Wort?

Stockmann *reicht ihm das Manuskript.* Da ist sie; nehmen Sie sie mit; es kann ja nicht schaden, wenn Sie sie durchlesen; Sie geben sie mir dann später zurück.

Hovstadt. Schön, schön; das werde ich tun. Und nun adieu, Herr Doktor.

Stockmann. Adieu, adieu! Aber Sie werden sehen, die Sache geht glatt, Herr Hovstad – ganz glatt!

Hovstadt. Hm, – werden ja sehen. *Grüßt und geht durch das Vorzimmer ab.*

Stockmann *geht an die Tür des Speisezimmers und sieht hinein.* Käte –! So, Du bist da, Petra?

Petra *tritt ein.* Ich komme diesen Augenblick aus der Schule.

Frau Stockmann *tritt ein.* Ist er noch nicht da gewesen?

Stockmann. Peter? Nein. Aber ich habe ein langes Gespräch mit Hovstad gehabt. Er ist ganz weg von der Entdeckung, die ich gemacht habe. Sie ist nämlich von weit größerer Tragweite, mußt Du wissen, als ich im Anfang gedacht hatte. Und dann hat er mir sein Blatt zur Verfügung gestellt, wenn es nötig sein sollte.

Frau Stockmann. Glaubst Du denn, daß es nötig sein wird?

Stockmann. O, durchaus nicht. Aber es ist jedenfalls ein stolzes Bewußtsein, die freisinnige, unabhängige Presse auf seiner Seite zu haben. Ja, und denk nur – auch vom Vorsitzenden des Vereins der Hausbesitzer habe ich Besuch gehabt.

Frau Stockmann. So? Was wollte denn der?

Stockmann. Mir ebenfalls seine Unterstützung anbieten. Sie wollen mich alle unterstützen, wenn es schief gehen sollte. Käte, – weißt Du, was ich hinter mir habe?

Frau Stockmann. Hinter Dir? Nein; was hast Du denn hinter Dir?

Stockmann. Die kompakte Majorität.

Frau Stockmann. So. Ist das gut für Dich, Thomas?

Stockmann. Na, das sollte ich doch meinen! *Reibt sich die Hände und geht auf und ab.* O Gott, wie himmlisch ist es doch, mit seinen Mitbürgern zusammenzustehen in brüderlichem Vereine!

Petra. Und so viel Gutes und Nützliches vollbringen zu können, Vater!

Stockmann. Ja, Du, und noch dazu für seine eigene Vaterstadt!

Frau Stockmann. Es hat geklingelt.

Stockmann. Das ist er sicher. – – *Es klopft.* Herein!

Stadtvogt *durch das Vorzimmer.* Guten Morgen.

Stockmann. Willkommen, Peter!

Frau Stockmann. Guten Morgen, Herr Schwager. Wie geht es?

Stadtvogt. Danke, so – so. *Zu Stockmann.* Gestern abend nach Bureauschluß habe ich Deine Abhandlung erhalten, die Wasserverhältnisse des Bades betreffend.

Stockmann. Ja. Hast Du sie gelesen?

Stadtvogt. Allerdings.

Stockmann. Und was sagst Du zu der Sache?

Stadtvogt *mit einem Seitenblick.* Hm –

Frau Stockmann. Komm, Petra. *Sie und Petra ab in das Zimmer links.*

Stadtvogt *nach einer Pause.* War es nötig, diese ganzen Untersuchungen hinter meinem Rücken anzustellen?

Stockmann. Ja, solange ich nicht absolute Gewißheit hatte, so –

Stadtvogt. Und die glaubst Du also jetzt zu haben?

Stockmann. Ja; davon hast Du Dich doch wohl selbst überzeugt.

Stadtvogt. Ist es Deine Absicht, der Badeverwaltung dieses Aktenstück als eine Art offiziellen Dokuments vorzulegen?

Stockmann. Jawohl. Es muß doch etwas in der Sache geschehen; und das sogleich.

Stadtvogt. Wie gewöhnlich gebrauchst Du in Deiner Abhandlung starke Ausdrücke. Unter anderm sagst Du: das, was wir unsern Badegästen bieten, wäre eine permanente Vergiftung.

Stockmann. Ja, Peter, kann man es denn anders nennen? Denk doch nur – vergiftetes Wasser zu innerlichem wie äußerlichem Gebrauch! Und das für arme, kranke Menschen, die im guten Glauben ihre Zuflucht zu uns nehmen und ihr schweres Geld bezahlen, um ihre Gesundheit wieder zu erlangen!

Stadtvogt. Und dann kommst Du in Deiner Deduktion zu dem Resultat, daß wir eine Kloake bauen müssen, die besagten Schmutz aus dem Mühltal aufnehmen kann, und daß die Wasserleitung umgelegt werden muß.

Stockmann. Ja, weißt Du einen andern Ausweg? Ich nicht.

Stadtvogt. Ich habe mir heut früh beim Stadtingenieur im Zimmer was zu schaffen gemacht. Und bei dieser Gelegenheit brachte ich, so halb im Scherz, die Rede auf diese Maßregeln als auf eine Sache, die wir in Zukunft vielleicht einmal in Erwägung ziehen müßten.

Stockmann. In Zukunft einmal!

Stadtvogt. Er lächelte über meine vermeintliche Extravaganz – natürlicherweise. Hast Du Dir die Mühe genommen, zu überlegen, wie hoch die vorgeschlagenen Veränderungen zu stehen kommen würden? Nach den

Aufschlüssen, die mir geworden sind, würden die Ausgaben wahrscheinlich in die Hunderttausende gehen.

Stockmann. So teuer sollte das sein?

Stadtvogt. Ja. Und dann kommt das Schlimmste. Die Arbeit würde mindestens einen Zeitraum von zwei Jahren beanspruchen.

Stockmann. Zwei Jahre, sagst Du? Ganze zwei Jahre?

Stadtvogt. Mindestens. Und was sollen wir inzwischen mit dem Bade machen? Sollen wir es schließen? Ja, dazu würden wir genötigt sein. Oder glaubst Du vielleicht, es würde ein Mensch zu uns kommen, sobald es ruchbar würde, daß das Wasser gesundheitsgefährlich ist?

Stockmann. Ja, Peter, das ist es aber doch.

Stadtvogt. Und das alles jetzt, – grade jetzt, da die Anstalt im Aufblühen ist. In den Nachbarstädten sind auch gewisse Vorbedingungen vorhanden, die sie zu Badeorten qualifizieren. Glaubst Du, die Leute würden nicht sofort alles daransetzen, um den ganzen Fremdenstrom an sich zu ziehen? Das ist über allem Zweifel. Und dann ständen wir da; wahrscheinlich müßten wir die ganze teure Anstalt abreißen; und dann hättest Du Deine Vaterstadt ruiniert.

Stockmann. Ich – ruiniert –!

Stadtvogt. Einzig und allein durch das Bad hat die Stadt eine nennenswerte Zukunft vor sich. Das siehst Du doch gewiß ebensogut ein wie ich.

Stockmann. Aber was, meinst Du denn, soll geschehen?

Stadtvogt. Ich habe aus Deiner Abhandlung nicht die Überzeugung gewinnen können, daß die Wasserverhältnisse des Bades so bedenklich sind, wie Du sie darstellst.

Stockmann. Eher sind sie noch schlimmer, Du! Oder sie werden es wenigstens im Sommer, wenn die heißen Tage kommen.

Stadtvogt. Wie gesagt, ich glaube, Du übertreibst bedeutend. Ein tüchtiger Arzt muß seine Verhaltungsmaßregeln zu treffen wissen, – er muß verstehen, schädlichen Einwirkungen vorzubeugen und ihnen abzuhelfen, wenn sie sich ganz augenscheinlich geltend machen sollten.

Stockmann. Und dann? – Was weiter –?

Stadtvogt. Die Wasserversorgung des Bades, so wie sie existiert, ist nun einmal ein Faktum und muß selbstverständlich als ein solches behandelt werden. Doch voraussichtlicher Weise wird die Direktion seinerzeit nicht abgeneigt sein, in Erwägung zu ziehen, inwieweit es mit erschwinglichen pekuniären Opfern möglich sein wird, gewisse Verbesserungen einzuführen.

Stockmann. Und auf solche Hinterlist, meinst Du, würde ich jemals eingehen?!

Stadtvogt. Hinterlist?

Stockmann. Jawohl, es wäre eine Hinterlist, – eine Betrügerei, eine Lüge, geradezu ein Verbrechen am Publikum, an der ganzen Gesellschaft!

Stadtvogt. Ich habe, wie ich schon bemerkte, nicht die Überzeugung gewinnen können, daß Gefahr im Verzuge ist.

Stockmann. Doch hast Du das. Es ist nicht anders möglich. Meine Darstellung ist schlagkräftig und richtig, das weiß ich! Und Du siehst das auch sehr wohl ein, Peter; aber Du willst es nur nicht wahr haben. *Du* hast es durchgesetzt, daß die Badegebäude wie auch das Wasserwerk da angelegt wurden, wo sie jetzt liegen; und *das* ist es – dieser verdammte Mißgriff ist es, den Du nicht eingestehen willst. Pah! glaubst Du, daß ich Dich nicht durchschaue?

Stadtvogt. Und wenn dem so wäre? Wenn ich vielleicht mit einer gewissen Ängstlichkeit über meinem Ansehen wache, so geschieht das zum Frommen der Stadt. Ohne moralische Autorität kann ich die Geschäfte nicht so führen und leiten, wie ich es für das Wohl des Ganzen am zweckdienlichsten erachte. Deshalb – und aus diversen anderen Gründen, – ist mir viel daran gelegen, daß Deine Darstellung nicht an die Badedirektion gelangt. Im Interesse des Gemeinwohls muß sie zurückgehalten werden. Ich werde dann später die Sache zur Diskussion bringen, und wir werden in aller Stille unser Bestes tun; aber nichts – auch nicht das leiseste Wort darf in dieser fatalen Angelegenheit zur Kenntnis der Öffentlichkeit gelangen.

Stockmann. Ja, das wird sich wohl nicht verhindern lassen, mein lieber Peter.

Stadtvogt. Es muß und wird sich verhindern lassen.

Stockmann. Das geht nicht, sage ich Dir; es wissen schon zu viel Leute darum.

Stadtvogt. Wissen darum! Wer? Doch wohl in aller Welt nicht diese Herren vom „Volksboten", die –?

Stockmann. O ja; die auch. Die freisinnige, unabhängige Presse wird schon dafür sorgen, daß Ihr Eure Schuldigkeit tut.

Stadtvogt *nach einer kurzen Pause.* Du bist ein grenzenlos unbesonnener Mensch, Thomas. Hast Du nicht bedacht, welche Folgen das für Dich selbst haben kann?

Stockmann. Folgen? Folgen für mich?

Stadtvogt. Für Dich und die Deinen – jawohl.

Stockmann. Was zum Teufel soll das heißen?

Stadtvogt. Ich glaube, ich bin Dir mein Lebelang ein gefälliger und hilfreicher Bruder gewesen.

Stockmann. Ja, das bist Du, und dafür weiß ich Dir Dank.

Stadtvogt. Nicht nötig. Ich war ja auch teilweise dazu genötigt – um meiner selbst willen. Es war immer meine Hoffnung, Dich einigermaßen im Zaume halten zu können, wenn ich Dir beistand, Deine ökonomische Stellung zu verbessern.

Stockmann. Was! Also nur um Deiner selbst willen –!

Stadtvogt. Teilweise, sage ich. Es ist peinlich für einen Beamten, wenn seine nächsten Angehörigen sich ein ums andre Mal kompromittieren.

Stockmann. Und Du meinst, ich tue das?

Stadtvogt. Ja, leider tust Du das, ohne es selbst zu wissen. Du hast eine unruhige, streitbare, aufrührerische Gemütsart. Und dann Dein unglückseliger Hang, öffentlich über alle möglichen und unmöglichen Dinge zu schreiben. Kaum hast Du einen Einfall – gleich mußt Du einen Zeitungsartikel oder eine ganze Broschüre draus machen.

Stockmann. Ja, aber ist es denn nicht die Pflicht eines Staatsbürgers, sich dem Publikum mitzuteilen, wenn er einen neuen Gedanken hat!

Stadtvogt. Ach, das Publikum braucht gar keine neuen Gedanken. Dem Publikum ist am besten mit den alten, guten, anerkannten Gedanken gedient, die es schon hat.

Stockmann. Und das sagst Du so grade heraus!

Stadtvogt. Ja, einmal muß ich doch grade heraus mit Dir sprechen. Bis jetzt habe ich es zu vermeiden gesucht, weil ich weiß, wie irritabel Du bist; aber jetzt muß ich Dir die Wahrheit sagen, Thomas. Du machst Dir keine Vorstellung davon, wie sehr Du Dir mit Deiner Übereiltheit schadest. Du beklagst Dich über die Behörden, ja selbst über die Regierung, – reißt sie sogar herunter, – behauptest, Du würdest zurückgesetzt, verfolgt. Aber kannst Du anderes erwarten, – so ein lästiger Mann, wie Du bist.

Stockmann. Was – ich bin auch noch lästig?

Stadtvogt. Ja, Thomas, Du bist als Mitarbeiter ein sehr lästiger Mann. Das habe ich fühlen müssen. Du setzt Dich über alle Rücksichten hinweg; Du scheinst ganz zu vergessen, daß ich es bin, dem Du diesen Deinen Posten als Badearzt zu verdanken hast –

Stockmann. Dazu war ausschließlich ich berufen! Ich und kein anderer! Ich war der erste, der eingesehen hat, die Stadt könnte ein blühender Badeort werden; und ich war der *einzige*, der das damals eingesehen hat. Ich stand allein und kämpfte viele Jahre für den Gedanken; und ich schrieb und schrieb –

Stadtvogt. Unleugbar. Aber damals war der richtige Zeitpunkt noch nicht da; na, das konntest Du da oben in Deinem Winkel ja nicht beurteilen. Als dann aber der passende Moment gekommen war, da nahm ich – und die anderen – die Sache in die Hand –

Stockmann. Und da habt Ihr meinen ganzen herrlichen Plan verpfuscht. O ja, jetzt zeigt es sich allerdings, was für schlaue Kerle Ihr wart!

Stadtvogt. Nach meiner Ansicht zeigt es sich nur, daß Du wieder einmal ein Ventil für Deine Streitsucht brauchst, Du willst Deinen Vorgesetzten zu Leibe; – das ist ja eine alte Gewohnheit von Dir. Du willst keine Autorität über Dir dulden; Du siehst jeden schief an, der ein übergeordnetes Amt bekleidet; Du betrachtest ihn als einen persönlichen Feind, – und sofort ist Dir jedwede Angriffswaffe recht. Aber jetzt habe ich Dich darauf aufmerksam gemacht, welche Interessen für die ganze Stadt auf dem Spiel stehen, – und folglich auch für mich. Und deshalb sage ich Dir, Thomas, ich bin unerbittlich in der Forderung, die ich jetzt an Dich zu stellen beabsichtige.

Stockmann. Was ist das für eine Forderung?

Stadtvogt. Da Du so schwatzhaft gewesen bist, von dieser heiklen Angelegenheit Unberufenen gegenüber zu sprechen, obgleich sie als ein Direktionsgeheimnis hätte bewahrt werden müssen, so kann die Sache natürlich nicht vertuscht werden. Allerhand Gerüchte werden sich verbreiten, und unsere Neider werden die Gerüchte durch allerlei Zusätze nähren. Es wird deshalb nötig sein, daß Du solchen Gerüchten öffentlich entgegentrittst.

Stockmann. Ich! Wie? Ich verstehe Dich nicht.

Stadtvogt. Es steht zu erwarten, Du werdest vermöge erneuter Untersuchungen zu dem Resultat kommen, daß die Sache nicht annähernd so gefährlich oder bedenklich ist, wie Du Dir im ersten Augenblick eingebildet hast.

Stockmann. Aha, – *das* erwartest Du also!

Stadtvogt. Und weiter erwartet man, daß Du zu der Verwaltung das Vertrauen hegst und ihm öffentlich Ausdruck gibst, sie werde gründlich und gewissenhaft das Nötige veranlassen, um möglichen Übelständen abzuhelfen.

Stockmann. Ja, aber das werdet Ihr nie und nimmer können, solange Ihr Euch mit Pfuscherei und Flickwerk behelft. Das sage ich Dir, Peter; und es ist meine aufrichtigste und festeste Überzeugung –!

Stadtvogt. Als Angestellter hast Du kein Recht eine separate Überzeugung zu haben.

Stockmann *betroffen*. Kein Recht, eine –!

Stadtvogt. Als Angestellter, sage ich. Als Privatperson, – du lieber Gott, das ist eine andere Sache. Aber als subalterner Beamter des Bades darfst Du keine Überzeugung aussprechen, die im Gegensatz zu der Deiner Vorgesetzten steht.

Stockmann. Das geht zu weit! Ich, als Arzt, als Mann der Wissenschaft, sollte nicht das Recht haben, zu –!

Stadtvogt. Die Angelegenheit, um die es sich hier handelt, ist nicht rein wissenschaftlich; es ist eine kombinierte Angelegenheit; es ist sowohl eine technische als auch eine ökonomische Angelegenheit.

Stockmann. Ach, zum Donnerwetter, meinetwegen kann sie sein, was sie will! Ich will die Freiheit haben, mich über alle möglichen Angelegenheiten der Welt auszusprechen!

Stadtvogt. Bitte sehr. Aber nur nicht über die Angelegenheiten des Bades –. Das verbieten wir Dir.

Stockmann *aufbegehrend*. Ihr verbietet –! Ihr! Solche –!

Stadtvogt. *Ich* verbiete es Dir, – *ich*, Dein oberster Vorgesetzter; und wenn ich es Dir verbiete, so hast Du zu gehorchen.

Stockmann *bezwingt sich*. Peter, – wahrhaftig, wärst Du nicht mein Bruder –

Petra *reißt die Tür auf*. Vater, das darfst Du Dir nicht gefallen lassen!

Frau Stockmann *hinter ihr her*. Petra! Petra!

Stadtvogt. Aha, man hat gehorcht.

Frau Stockmann. Es war so laut hier; und da war es unvermeidlich, daß wir –

Petra. Ja, ich habe gestanden und gehorcht.

Stadtvogt. Na, eigentlich ist mir das nur lieb –

Stockmann *kommt näher*. Du sprachst mir von verbieten und gehorchen –?

Stadtvogt. Du hast mich gezwungen, in diesem Ton zu reden.

Stockmann. Und nun soll ich mit einer öffentlichen Erklärung mich selbst auf den Mund schlagen?

Stadtvogt. Wir erachten es für unumgänglich nötig, daß Du eine Erklärung veröffentlichst, wie ich sie verlangt habe.

Stockmann. Und wenn ich nun nicht – gehorche?

Stadtvogt. So erlassen wir selbst eine Erklärung zur Beruhigung des Publikums.

Stockmann. Sehr gut, – aber dann schreibe ich gegen Euch. Ich bleibe bei meiner Ansicht; ich werde beweisen, daß *ich* recht habe und Ihr unrecht. Was wollt Ihr dann machen?

Stadtvogt. Dann werde ich nicht verhindern können, daß Du Deinen Abschied bekommst.

Stockmann. Was –!

Petra. Vater, – den Abschied!

Frau Stockmann. Den Abschied!

Stadtvogt. Den Abschied als Badearzt. Ich werde mich veranlaßt sehen, augenblicklich Kündigung zu beantragen und Dir alle Funktionen zu untersagen, die mit dem Bade etwas zu tun haben.

Stockmann. Und das würdet Ihr wagen?!

Stadtvogt. Du selbst bist es, der hier ein gewagtes Spiel spielt.

Petra. Onkel, das ist ein empörendes Vorgehen gegen einen Mann wie Vater!

Frau Stockmann. Willst Du wohl schweigen, Petra!

Stadtvogt *sieht Petra an.* Aha, man versteigt sich hier schon zu Meinungsäußerungen. Ja natürlich. *Zu Frau Stockmann.* Frau Schwägerin, vermutlich sind Sie die Besonnenste hier im Hause. Bieten Sie allen Einfluß auf, den Sie auf Ihren Mann haben; bringen Sie ihm zum Bewußtsein, was für Folgen diese Geschichte sowohl für seine Familie –

Stockmann. Meine Familie geht keinen andern als mich etwas an.

Stadtvogt. – sowohl für seine Familie, sage ich, als auch für die Stadt haben wird, in der er lebt.

Stockmann. Der das wahre Wohl der Stadt will, das bin ich! Ich will die Mängel aufdecken, die früher oder später ans Tageslicht kommen müssen. O, es wird sich schon zeigen, ob ich meine Vaterstadt liebe!

Stadtvogt. Du? Und da gehst Du in verblendetem Trotze hin und schneidest der Stadt die wichtigste Nahrungsquelle ab.

Stockmann. Die Quelle ist vergiftet, Mensch! Bist Du denn toll?! Wir leben hier vom Hökerhandel mit Unrat und Fäulnis! Das ganze aufblühende Leben unseres Gemeinwesens saugt seine Nahrung aus einer Lüge!

Stadtvogt. Hirngespinste – oder noch etwas Schlimmeres. Ein Mann, der so beleidigende Insinuationen gegen seine eigene Vaterstadt schleudert, muß ein Feind der Gesellschaft sein.

Stockmann *auf ihn zu*. Und das wagst Du –!

Frau Stockmann *wirft sich zwischen beide*. Thomas!

Petra *faßt ihren Vater am Arm*. Nur Ruhe, Vater!

Stadtvogt. Ich will mich nicht Gewalttätigkeiten aussetzen; Du bist jetzt gewarnt. Überlege Dir denn, was Du Dir und den Deinen schuldig bist. Adieu. *Ab.*

Stockmann *geht auf und ab*. Und eine solche Behandlung muß ich mir gefallen lassen! In meinem eigenen Hause, Käte! Was sagst Du dazu!

Frau Stockmann. Gewiß, es ist eine Schmach und eine Schande, Thomas –

Petra. Könnte ich diesem Onkel nur an den Kragen –

Stockmann. Es ist meine eigene Schuld; ich hätte mich schon längst auf die Hinterbeine stellen, – ihnen die Zähne zeigen, – um mich beißen sollen! – Mich einen Feind der Gesellschaft zu nennen! Mich! Das lasse ich, bei meiner Seele Seligkeit, nicht auf mir sitzen!

Frau Stockmann. Aber, bester Thomas, Dein Bruder hat nun einmal die Macht –

Stockmann. Ja, aber ich habe das Recht, Du!

Frau Stockmann. Ach ja, das Recht, das Recht; was hilft Dir Dein Recht, wenn Du nicht die Macht hast?

Petra. Aber, Mutter, – wie kannst Du nur so reden?

Stockmann. Also in einem freien Gemeinwesen sollte es nichts helfen, das Recht auf seiner Seite zu haben? Du bist komisch, Käte. Und außerdem, – habe ich nicht die freisinnige, unabhängige Presse vor mir, – und die kompakte Majorität hinter mir? Das wäre doch Macht genug, sollte ich meinen.

Frau Stockmann. Aber, Gott im Himmel, Thomas, Du gedenkst doch um alles in der Welt nicht –?

Stockmann. An was sollte ich nicht denken?

Frau Stockmann. – Dich gegen Deinen Bruder aufzulehnen, meine ich.

Stockmann. Was zum Teufel, meinst Du, sollte ich sonst tun, wenn ich nicht das preisgeben will, was rechtens und wahr ist.

Petra. Ja, das frage ich wirklich auch.

Frau Stockmann. Aber es nützt Dir doch absolut gar nichts; wenn sie nicht wollen, so wollen sie nicht.

Stockmann. Hoho, Käte, laß mir nur Zeit, und Du wirst sehen, ich setze meinen Willen durch.

Frau Stockmann. Ja, Du setzt es vielleicht durch, daß sie Dir den Abschied geben, – das tust Du.

Stockmann. Dann habe ich wenigstens meine Pflicht gegen das Publikum, – gegen die Gesellschaft getan. Ich, der ein Feind der Gesellschaft genannt wird!

Frau Stockmann. Aber gegen Deine Familie, Thomas? Gegen uns? Nennst Du das Deine Pflicht tun gegen die, deren Versorger Du bist?

Petra. Ach, denk doch nicht immer zuerst und vor allem an uns, Mutter.

Frau Stockmann. Ja, Du hast gut reden; Du kannst im Notfall auf eigenen Füßen stehen. – Aber denk an die Jungen, Thomas; und denk auch ein bischen an Dich selbst, und an mich –

Stockmann. Aber ich glaube, Du hast den Verstand verloren, Käte! Wenn ich so jämmerlich feige wäre, vor diesem Peter und seinem vermaledeiten Anhang zu kapitulieren, – würde ich dann wohl im Leben je wieder eine glückliche Stunde haben?

Frau Stockmann. Ja, das weiß ich nicht; aber der liebe Herrgott möge uns vor dem Glück bewahren, das unser aller wartet, wenn Du bei Deinem Trotz verharrst. Dann stehst Du wieder ohne Brot da, ohne feste Einnahmen. Ich sollte meinen, das hätten wir in früheren Tagen zur Genüge gekostet; vergiß das nicht, Thomas; vergiß nicht, was das auf sich hat.

Stockmann *windet sich in innerem Kampf und ringt die Hände.* Und in solche Lage können diese Bureausklaven einen freien, ehrlichen Mann bringen! Ist das nicht schrecklich, Käte?

Frau Stockmann. Ja, es ist sündhaft an Dir gehandelt, das ist gewiß wahr. Aber lieber Gott, es ist auf dieser Welt so viel Ungerechtigkeit, der man sich beugen muß. – Da sind die Jungens, Thomas! Sieh sie an! Was soll aus ihnen werden? Ach, nein, nein, Du kannst es doch nun und nimmer übers Herz bringen –

*Ejlif und **Morten** sind inzwischen mit ihren Schulbüchern eingetreten.*

Stockmann. Die Jungens –! *Steht mit einem Mal fest und entschlossen da.* Und wenn die ganze Welt zugrunde ginge, ich krieche nicht zu Kreuze. *Geht auf sein Zimmer zu.*

Frau Stockmann *hinter ihm her.* Thomas, – was willst Du tun!

Stockmann *an der Tür.* Ich will das Recht nicht verwirken, meinen Jungens in die Augen zu sehen, wenn sie einmal erwachsene, freie Männer sind.

Ab in sein Zimmer.

Frau Stockmann *bricht in Tränen aus.* Gott stehe uns allen bei und gebe uns seinen Trost!

Petra. Bravo, Vater! Er unterwirft sich nicht.

Die Knaben fragen verwundert, um was es sich handelt; Petra bedeutet ihnen zu schweigen..

Dritter Akt

Redaktionsbureau des „Volksboten".

Links im Hintergrunde ist die Eingangstür; rechts an derselben Wand eine zweite Tür mit Glasscheiben, durch die man in die Druckerei sieht. An der Wand rechts eine Tür. Mitten im Zimmer ein großer Tisch, der mit Papieren, Zeitungen und Büchern bedeckt ist. Vorn links ein Fenster und an diesem ein Schreibpult mit hohem Stuhl. Am Tisch stehen ein paar Lehnstühle, einige andere Stühle längs den Wänden. Das Zimmer ist finster und ungemütlich, das Mobiliar alt, die Lehnstühle sind schmutzig und zerschlissen. In der Druckerei sieht man ein paar Setzer bei der Arbeit; weiter hinten ist eine Handpresse in Tätigkeit.

Hovstad *sitzt am Pult und schreibt. Gleich darauf kommt* **Billing** *von rechts mit Stockmanns Manuskript in der Hand.*

Billing. Na, das muß ich sagen –!

Hovstadt *schreibend.* Haben Sie es durchgelesen?

Billing *legt das Manuskript auf das Pult.* Allerdings habe ich das.

Hovstadt. Hübsch scharf, der Doktor – was meinen Sie?

Billing. Scharf? Gott verdamm' mich, der ist geradezu erbarmungslos. Jedes Wort saust wuchtig nieder wie – ich möchte sagen – wie ein Axthieb.

Hovstadt. Ja, aber die Leute fallen auch nicht auf den ersten Schlag.

Billing. Sehr richtig; aber dann geht es weiter, – Schlag auf Schlag, bis das ganze Herrenregiment zusammenstürzt. Als ich auf meinem Zimmer das hier las, da war mir, als sähe ich von fern die Revolution kommen.

Hovstadt *dreht sich um.* Pst! Lassen Sie das nur Aslaksen nicht hören.

Billing *dämpft die Stimme.* Aslaksen ist ein Hasenfuß, ein feiger Kerl; es ist kein Mannesmut in ihm. Aber diesmal setzen Sie Ihren Willen doch wohl durch? Was? Der Artikel des Doktors kommt doch wohl hinein?

Hovstadt. Ja, wenn nur der Stadtvogt sich nicht gutwillig fügt, –

Billing. Das wäre verteufelt ärgerlich.

Hovstadt. Na, was auch geschehen mag, wir können glücklicherweise die Situation ausnutzen. Wenn der Stadtvogt nicht auf des Doktors Vorschlag eingeht, so hat er sämtliche Kleinbürger, – den ganzen Verein der Hausbesitzer und die anderen auf dem Hals. Und geht er darauf ein, so überwirft er sich mit einem ganzen Haufen großer Aktionäre, die bis heut seine besten Stützen waren –

Billing. Jawohl, ja; denn die müssen mit einer schweren Menge Geld herausrücken –

Hovstadt. Darauf können Sie Gift nehmen. Und dann ist der Ring gesprengt, sehen Sie, und dann werden wir es Tag für Tag im Blatt dem Publikum plausibel machen, daß der Stadtvogt in jeder Richtung unfähig ist, und daß sämtliche Vertrauensposten der Stadt, wie die ganze Kommunalverwaltung in die Hände freisinniger Leute gelegt werden müßten.

Billing. Das ist, Gott verdamm' mich, klar wie Kloßbrühe! Ich sehe es – ich sehe es, wir stehen am Vorabend einer Revolution!

Es klopft.

Hovstadt. Pst! *Ruft:* Herein!

***Doktor Stockmann** kommt durch die Tür im Hintergrund links.*

Hovstadt *geht ihm entgegen.* Ah, der Herr Doktor! Na?

Stockmann. Drucken Sie los, Herr Hovstad!

Hovstadt. Es wird also was draus?

Billing. Hurra!

Stockmann. Drucken Sie los, sage ich. Ja, gewiß wird was draus. Nun sollen sie ihren Willen haben. Jetzt gibt es Krieg in der Stadt, Herr Billing!

Billing. Krieg bis aufs Messer, will ich hoffen! Das Messer an die Kehle, Herr Doktor!

Stockmann. Die Abhandlung ist nur der Anfang. Ich trage mich schon mit Entwürfen zu vier – fünf anderen Aufsätzen. Wo steckt Aslaksen?

Billing *ruft in die Druckerei hinein*: Aslaksen, ach, kommen Sie doch einen Augenblick herein!

Hovstadt. Vier – fünf Aufsätze, sagen Sie? Über dieselbe Sache?

Stockmann. I – keine Spur, mein Lieber. Nein, über ganz andere Dinge. Aber es geht alles vom Wasserwerk und von der Kloake aus. Eins zieht das andere nach sich, sehen Sie. Wie wenn man daran geht, ein altes Gebäude einzureißen, – akkurat so.

Billing. So ist es, – Gott verdamm' mich! Man meint nicht eher damit fertig zu sein, als bis man den ganzen Krempel eingerissen hat.

Aslaksen *aus der Druckerei.* Eingerissen? Sie denken doch wohl nicht daran, das Badehaus einzureißen.

Hovstadt. Keine Spur; haben Sie bloß keine Angst.

Stockmann. Nein, es handelt sich um ganz andere Dinge. Na, was sagen Sie denn zu meiner Abhandlung, Herr Hovstad?

Hovstadt. Meines Erachtens ein wahres Meisterstück –

Stockmann. Ja, nicht wahr –? Na, das freut mich; das freut mich.

Hovstadt. So klar und so einleuchtend; man braucht durchaus nicht Fachmann zu sein, um den Sachverhalt zu verstehen. Ich wage zu behaupten, Sie werden alle aufgeklärten Elemente, Mann für Mann, auf Ihrer Seite haben.

Aslaksen. Und die besonnenen doch wohl auch?

Billing. Die besonnenen wie die unbesonnenen, – ja, fast die ganze Stadt, meine ich.

Aslaksen. Na, dann können wir die Abhandlung wohl drucken.

Stockmann. Ja, das sollte ich meinen!

Hovstadt. Sie soll morgen früh hinein.

Stockmann. Donnerwetter ja, – auch nicht *ein* Tag darf verloren werden. Hören Sie, Herr Aslaksen, darum möchte ich Sie gebeten haben: nehmen Sie sich persönlich des Manuskripts an.

Aslaksen. Das werde ich tun.

Stockmann. Behüten Sie's, als ob es Gold wäre. Keinen Druckfehler; jedes Wort ist wichtig. Ich komme später wieder mit heran; vielleicht könnte ich dann rasch Korrektur lesen. – Ich kann gar nicht sagen, wie ich darauf brenne, die Sache gedruckt zu sehen, – in die Welt geschleudert –

Billing. Geschleudert, – ja, wie einen Blitz!

Stockmann. – dem Urteil aller verständigen Mitbürger unterbreitet. Ach, Sie können sich nun und nimmer vorstellen, welchen Dingen ich heut ausgesetzt war. Man hat mir mit allem Möglichen gedroht; man hat mir meine sonnenklarsten Menschenrechte nehmen wollen –

Billing. Was! Ihre Menschenrechte!

Stockmann. – man hat mich erniedrigen, mich zu einem Schurken machen wollen, hat verlangt, ich sollte persönliche Vorteile über meine innerste, heiligste Überzeugung stellen –

Billing. Das ist doch, Gott verdamm' mich, zu stark!

Hovstadt. O ja, von *der* Seite kann man alles gewärtigen.

Stockmann. Aber bei mir werden sie den Kürzeren ziehen; das sollen sie schwarz auf weiß haben. Jetzt werde ich Tag für Tag mich im „Volksboten" sozusagen vor Anker legen und sie mit einem explodierenden Aufsatz nach dem andern bestreichen –

Aslaksen. Ja, aber hören Sie –

Billing. Hurra! Es gibt Krieg, es gibt Krieg!

Stockmann. – ich werde sie zu Boden schlagen, werde sie zerschmettern, ihre Festungswerke vor den Augen aller rechtschaffenen Leute wegrasieren! Das werde ich tun!

Aslaksen. Aber machen Sie es nur moderat, Herr Doktor; schießen Sie mit Maß –

Billing, Ach was! Ach was! Nur nicht das Dynamit sparen!

Stockmann *fährt unbeirrt fort.* Denn jetzt handelt es sich, sehen Sie, nicht mehr um das Wasserwerk und die Kloake allein. Nein, das ganze Gemeinwesen soll gereinigt, desinfiziert werden –

Billing. Das ist das erlösende Wort!

Stockmann. Alle Flickwerksgreise müssen weggefegt werden, verstehen Sie. Und zwar auf allen möglichen Gebieten! Heut haben sich mir unendliche Perspektiven eröffnet. So ganz klar bin ich mir darüber noch nicht, – aber das wird sich schon machen. Wir müssen hin und uns junge, frische Bannerträger suchen, meine Freunde; auf allen Vorposten müssen wir neue Kommandanten haben.

Billing. Hört! Hört!

Stockmann. Und wenn wir nur zusammenhalten, so wird alles glatt gehen, ganz glatt! Die ganze Umwälzung wird sich vollziehen wie ein Stapellauf. Ja, glauben Sie es nicht?

Hovstadt. Ich für mein Teil glaube, daß wir jetzt alle Aussicht haben, die Kommunalverwaltung in *die* Hände zu bringen, wo sie von rechtswegen hingehört.

Aslaksen. Und wenn wir nur mit Maß zu Werke gehen, so kann ich mir wahrhaftig nicht denken, daß es gefährlich sein könnte.

Stockmann. Wer zum Teufel schert sich drum, ob es gefährlich ist oder nicht! Was ich tue, tue ich im Namen der Wahrheit und um meines Gewissens willen.

Hovstadt. Sie sind ein Mann, der Unterstützung verdient, Herr Doktor.

Aslaksen. Ja, das steht fest, der Herr Doktor ist der wahre Freund der Stadt; er ist der Gesellschaft ein echter Freund, jawohl!

Billing. Doktor Stockmann ist – Gott verdamm' mich, Aslaksen, – ein Volksfreund!

Aslaksen. Ich denke, der Verein der Hausbesitzer wird von diesem Ausdruck bald Gebrauch machen.

Stockmann *bewegt, drückt ihnen die Hände*. Danke schön, danke schön, meine lieben, treuen Freunde; – wie erquicklich mir das in meinen Ohren klingt! Mein Herr Bruder nannte mich ganz anders. Na, das soll ihm bei Gott mit Zinsen heimgezahlt werden. Nun muß ich aber weg und nach einem armen Teufel schauen –. Ich komme wieder, wie gesagt. Nehmen Sie nur das Manuskript gut in acht, Herr Aslaksen; – und streichen Sie mir um alles in der Welt keins von den Ausrufungszeichen! Setzen Sie lieber noch ein paar Stück hinzu! Schön, schön; adieu so lange, adieu, adieu!

Gegenseitige Verabschiedung auf dem Wege zur Tür; ab.

Hovstadt. Er kann uns ein unbezahlbarer, nützlicher Mann werden.

Aslaksen. Ja, solange er sich nur an die Geschichte mit der Badeanstalt halten wollte. Wenn er aber weiter geht, so ist es nicht ratsam, mit ihm gemeinsame Sache zu machen.

Hovstadt. Hm, das kommt doch drauf an –

Billing. Sie sind aber auch verflucht ängstlich, Aslaksen.

Aslaksen. Ängstlich? Ja, wenn es sich um die lokalen Machthaber handelt, dann bin ich ängstlich, Herr Billing. Ich will Ihnen was sagen, – *das* habe ich in der Schule der Erfahrung gelernt. Aber stellen Sie mich mal vor die hohe Politik, ja selbst vor die Opposition gegen die Regierung, und dann sehen Sie zu, ob ich ängstlich bin.

Billing. Nein, dann gewiß nicht. Aber das ist ja gerade der Widerspruch in Ihnen.

Aslaksen. Ich bin ein Mann von Gewissen – das ist die Geschichte. Fährt man gegen die Regierung los, so tut man wenigstens der Gesellschaft keinen Schaden; denn die Leute kümmern sich darum nicht, sehen Sie, – *die* stehen doch fest. Aber die *lokalen* Behörden, *die* können gestürzt werden, und dann kommt vielleicht die Ignoranz ans Ruder zum unersetzlichen Schaden der Hausbesitzer und andrer Leute.

Hovstadt. Aber die Erziehung des Bürgers durch die Selbstverwaltung, – an *die* denken Sie wohl nicht?

Aslaksen. Wenn man ein bißchen was vor sich gebracht hat, das erhalten sein will, so kann man nicht an alles denken, Herr Hovstad.

Hovstadt. Dann möchte ich nie was vor mich bringen!

Billing. Hört – Hört!

Aslaksen *lächelt.* Hm. *Zeigt auf das Pult.* Auf *dem* Redakteursstuhl da hat vor Ihnen der Stiftsamtmann Stensgård gesessen.

Billing *spuckt aus.* Pfui! So ein Überläufer!

Hovstadt. Ich bin keine Wetterfahne – und werde es auch niemals sein.

Aslaksen. Ein Politiker soll sich nie zum Schwur vermessen –, Herr Hovstad. Und Sie, Herr Billing, sollten, meine ich, zur Stunde auch Ihre Segel ein bißchen streichen; denn Sie haben sich ja um den Sekretärposten beim Magistrat beworben.

Billing. Ich –!

Hovstadt. *Sie*, Billing?!

Billing. Na ja doch, – aber zum Teufel, Sie können sich doch wohl denken, daß es nur geschieht, um die wohlweisen Herren zu ärgern.

Aslaksen. Das kann mir ja ganz egal sein. Wenn man mich aber der Feigheit beschuldigt und des Widerspruchs in meinem Verhalten, so möchte ich doch dies *eine* betonen: des Buchdruckers Aslaksen politische Vergangenheit liegt offen vor aller Welt da. Ich habe keine andere Wandlung durchgemacht, als daß ich gemäßigter geworden bin, sehen Sie. Mein Herz ist nach wie vor bei dem Volke; aber ich leugne nicht, daß mein Verstand etwas zu den Machthabern hinüberneigt, – wohlgemerkt: zu den lokalen. *Ab in die Druckerei.*

Billing. Wollen wir nicht zusehen, ihn loszuwerden, Hovstad?

Hovstadt. Wissen Sie sonst wen, der uns Satz, Druck und Papier kreditiert?

Billing. Verdammte Geschichte, daß wir nicht das nötige Betriebskapital haben.

Hovstadt *setzt sich an das Pult.* Ja, hätten wir *das* nur, so –

Billing. Wenn Sie sich mal an Doktor Stockmann wendeten?

Hovstadt *blättert in den Papieren.* Ach, was sollte das für einen Zweck haben? Der hat ja selber nichts.

Billing. Nein; aber er hat einen guten Hintermann, den alten Morten Kiil, – den „Dachs“, wie sie ihn nennen.

Hovstadt *schreibt.* Wissen Sie denn so sicher, daß *der* etwas hat?

Billing. Gott verdamm' mich, das wird er doch!? Und ein Teil davon muß doch wohl an die Familie Stockmann fallen. Er muß doch wohl an eine Aussteuer – wenigstens für die Kinder denken.

Hovstadt *dreht sich halb um.* Rechnen Sie darauf?

Billing. Rechnen? Ich rechne selbstverständlich auf nichts.

Hovstadt. Da tun Sie recht dran. Und auf den Posten beim Magistrat sollten Sie schon gar nicht rechnen; denn ich kann Ihnen versichern, – Sie bekommen ihn nicht.

Billing. Glauben Sie denn, daß ich das nicht sehr gut weiß? Und es ist mir gerade recht, daß ich ihn nicht bekomme! Solch eine Zurücksetzung feuert den Kampfesmut an; – man erhält sozusagen eine Zufuhr von frischer Galle, und das tut einem wirklich not in solch einem Krähwinkel wie hier, wo so selten etwas wirklich Aufregendes passiert.

Hovstadt *schreibt.* O ja, – o ja.

Billing. Na, – die sollen bald von mir hören! – Ich gehe jetzt hinein und schreibe den Aufruf an die Hausbesitzer. *Ab in das Zimmer rechts.*

Hovstadt *sitzt am Pult, kaut am Federhalter und sagt langsam:* Hm – ja, so wird es gehen. – *Es klopft.* Herein!

Petra kommt durch die Tür im Hintergrunde links.

Hovstadt *steht auf.* Sie sind es? Sie geben uns die Ehre?

Petra. Ja, Sie müssen entschuldigen –

Hovstadt *rückt einen Lehnstuhl vor.* Wollen Sie nicht Platz nehmen?

Petra. Nein, danke sehr; ich gehe gleich wieder.

Hovstadt. Kommen Sie vielleicht in Ihres Herrn Vaters Sache –?

Petra. Nein, in eigener Sache. *Nimmt ein Buch aus der Manteltasche.* Hier ist die englische Erzählung.

Hovstadt. Warum geben Sie sie zurück?

Petra. Weil ich sie nicht übersetzen will.

Hovstadt. Aber Sie haben mir doch so fest versprochen –

Petra. Ja, damals hatte ich sie noch nicht gelesen. Und Sie haben sie wohl auch nicht gelesen?

Hovstadt. Nein; Sie wissen ja; ich verstehe kein englisch; aber –

Petra. Nun wohl; und deshalb möchte ich Ihnen sagen, daß Sie sich nach etwas anderem umsehen müssen. *Legt das Buch auf den Tisch.* Das da paßt durchaus nicht für den „Volksboten".

Hovstadt. Weshalb nicht?

Petra. Weil die Erzählung durchaus im Widerspruch mit Ihren eigenen Ansichten steht.

Hovstadt. Na, wenn es weiter nichts ist –

Petra. Sie verstehen mich wohl nicht. Sie handelt davon, wie eine überirdische Macht die Wege der sogenannten guten Menschen hier auf Erden leitet und schließlich alles zu ihrem Besten lenkt, – und daß die sogenannten schlechten Menschen ihre Strafe kriegen.

Hovstadt. Ja, aber das ist doch wunderhübsch. So etwas wollen die Leute ja gerade haben.

Petra. Wollen *Sie* denn der Mann sein, der den Leuten so etwas gibt? Selber glauben Sie doch kein Wort davon. Sie wissen ja sehr gut, daß es in der Wirklichkeit nicht so zugeht.

Hovstadt. Da haben Sie vollkommen recht; aber ein Redakteur kann nicht immer handeln, wie er am liebsten möchte. In minder wichtigen Dingen muß er sich oft den Anschauungen der Leute fügen. Die Politik ist ja doch die Hauptsache im Leben – oder wenigstens für eine Zeitung; und sollen die Leute mir folgen zur Freiheit und zum Fortschritt, so darf ich sie nicht abschrecken. Wenn sie so eine moralische Erzählung unten im Erdgeschoß der Zeitung finden, so gehen sie williger auf das ein, was wir über dem Strich drucken; – sie werden dadurch gewissermaßen sicherer.

Petra. Pfui; so heimtückisch gehen Sie also hin und legen Ihren Lesern Schlingen; Sie sind doch keine Spinne.

Hovstadt *lächelt.* Ich danke Ihnen für Ihre gute Meinung. Nein, es ist allerdings auch nur Billings Gedankengang, und nicht der meine.

Petra. Billings!

Hovstadt. Ja; wenigstens redete er neulich einmal hier in diesem Sinne. Es ist doch Billing, der so darauf brennt, die Erzählung zu bringen; ich kenne das Buch ja nicht.

Petra. Aber wie kann denn Billing mit seinen radikalen Anschauungen –!

Hovstadt. Ach, Billing, der ist vielseitig. Jetzt bemüht er sich auch um den Sekretärposten beim Magistrat, wie ich höre.

Petra. Das glaube ich nicht, Hovstad. Wie sollte er sich zu so etwas verstehen können?

Hovstadt. Ja, das müssen Sie ihn selbst fragen.

Petra. Nie und nimmer hätte ich das von Billing gedacht.

Hovstadt *blickt sie fester an*. Nicht? Kommt Ihnen das so ganz unerwartet?

Petra. Ja. Oder vielleicht doch nicht. Ach, ich weiß im Grunde nicht –

Hovstadt. Wir Zeitungsschreiber taugen nicht viel, Fräulein.

Petra. Sagen Sie das im Ernst?

Hovstadt. Zuweilen glaube ich es.

Petra. Ja, unter dem Eindruck des gewöhnlichen Tagesgezänks; das kann ich wohl verstehen. Aber jetzt, da Sie in einer großen Sache mitwirken –.

Hovstadt. Die Sache da mit Ihrem Vater, meinen Sie?

Petra. Natürlich. Mich dünkt, Sie müßten sich wie ein Mann fühlen, der vor den Meisten etwas voraus hat.

Hovstadt. Ja, heut fühle ich etwas dergleichen.

Petra. Ja, nicht wahr. Habe ich nicht recht? O, Sie haben einen herrlichen Lebensberuf erwählt. Verkannten Wahrheiten und neuen mutigen Anschauungen den Weg zu bahnen – ja, auch nur furchtlos hervorzutreten und das Wort für einen unterdrückten Mann zu nehmen –

Hovstadt. Ganz besonders, wenn dieser unterdrückte Mann –, hm, – ich weiß nicht, wie ich –

Petra. Wenn er so rechtschaffen und so grundehrlich ist, meinen Sie?

Hovstadt *leiser*. Ganz besonders, wenn er Ihr Vater ist, meinte ich.

Petra *plötzlich betroffen*. Darum?

Hovstadt. Ja, Petra, – Fräulein Petra.

Petra. *Das* kommt also für Sie in erster Reihe? Nicht die Sache selbst? Nicht die Wahrheit; nicht die große, warme Gesinnung meines Vaters?

Hovstadt. Doch, – doch, selbstverständlich das auch.

Petra. Nein, bitte, jetzt haben Sie sich verschnappt, Hovstad, und jetzt glaube ich Ihnen in nichts mehr.

Hovstadt. Können Sie es mir denn so übel nehmen, daß es vor allem Ihnen zuliebe –?

Petra. *Das* verüble ich Ihnen, daß Sie nicht ehrlich gegen meinen Vater gewesen sind. Sie haben zu ihm gesprochen, als ob die Wahrheit und das Gemeinwohl Ihnen zunächst am Herzen lägen; Sie haben meinen Vater wie mich betrogen; Sie sind nicht der Mann, für den Sie sich ausgegeben haben. Und das verzeihe ich Ihnen niemals – niemals!

Hovstadt. Das sollten Sie nicht mit solcher Schroffheit sagen, Fräulein Petra; und am allerwenigsten jetzt.

Petra. Weshalb nicht auch jetzt?

Hovstadt. Weil Ihr Vater meine Hilfe nicht entbehren kann.

Petra *sieht ihn von oben herab an.* So einer sind Sie auch noch? Pfui!

Hovstadt. Nein, nein; das bin ich nicht. Es kam nur so unversehens über mich; Sie dürfen das nicht glauben.

Petra. Ich weiß, was ich zu glauben habe. Adieu.

Aslaksen *rasch und geheimnisvoll aus der Druckerei.* Himmeldonnerwetter, Herr Hovstad – *sieht Petra.* Au, verflucht –

Petra. So; da liegt das Buch. Geben Sie es einem anderen. *Geht nach der Ausgangstür.*

Hovstadt *folgt ihr.* Aber Fräulein –

Petra. Adieu. *Ab.*

Aslaksen. Herr Hovstad, hören Sie mal!

Hovstadt. Nanu, was gibt's denn?

Aslaksen. Der Stadtvogt steht draußen in der Druckerei.

Hovstadt. Der Stadtvogt, sagen Sie?

Aslaksen. Ja, er will mit Ihnen sprechen; er ist von hinten gekommen, – um nicht gesehen zu werden, begreifen Sie wohl.

Hovstadt. Was kann denn das sein? Nein, warten Sie, ich werde selbst – *Geht an die Tür zur Druckerei, öffnet, grüßt, und ladet den Stadtvogt ein, näher zu treten.*

Hovstadt. Stehen Sie Posten, Aslaksen, daß keiner –

Aslaksen. Verstehe – *Ab in die Druckerei.*

Stadtvogt. Sie haben wohl nicht erwartet, mich hier zu sehen, Herr Hovstad.

Hovstadt. Nein, das muß ich allerdings sagen.

Stadtvogt *sieht sich um.* Sie haben sich hier ja ganz gemütlich eingerichtet; wirklich nett.

Hovstadt. O –

Stadtvogt. Und nun komme ich so ohne weiteres und nehme Ihre Zeit in Anspruch.

Hovstadt. Bitte, Herr Stadtvogt, Ich stehe zu Diensten. Aber darf ich Ihnen nicht behilflich sein –? *Legt den Hut und den Stock des Stadtvogts auf einen Stuhl.* Und wollen Sie nicht Platz nehmen, Herr Stadtvogt?

Stadtvogt *setzt sich an den Tisch*. Danke sehr.

Hovstad setzt sich ebenfalls an den Tisch.

Stadtvogt. Ich habe heute einen – einen sehr großen Verdruß gehabt, Herr Hovstad.

Hovstadt. So? Ach ja; so viele Geschäfte, wie Herr Stadtvogt haben –

Stadtvogt. Der Ärger heute rührt vom Badearzt her.

Hovstadt. So? Vom Herrn Doktor?

Stadtvogt. Er hat so eine Art Eingabe an die Badeverwaltung geschrieben, die eine Reihe vermeintlicher Mängel betrifft.

Hovstadt. So, wirklich?

Stadtvogt. Ja. Hat er Ihnen nicht gesagt –? Mir ist, er hätte erzählt –

Hovstadt. Ach ja, es ist wahr, er ließ einige Worte fallen –

Aslaksen *aus der Druckerei*. Ich wollte nur das Manuskript –

Hovstadt *ärgerlich*. Hm; es liegt ja dort auf dem Pult.

Aslaksen *findet es*. Schön.

Stadtvogt. Aber sehen Sie, da ist ja doch –

Aslaksen. Ja, das ist die Abhandlung des Herrn Doktors, Herr Stadtvogt.

Hovstadt. Ach so, von *der* sprechen Sie?

Stadtvogt. Eben *da*von. Was halten Sie von ihr?

Hovstadt. Ich bin ja kein Fachmann und habe sie nur ganz flüchtig gelesen.

Stadtvogt. Aber Sie lassen sie doch drucken?

Hovstadt. Einem Mann von Namen kann ich es nicht gut abschlagen –

Aslaksen. Ich habe in redaktionellen Dingen nichts zu sagen, Herr Stadtvogt –

Stadtvogt. Versteht sich.

Aslaksen. Ich drucke nur, was man mir übergibt.

Stadtvogt. Ganz in der Ordnung.

Aslaksen. Und darum muß ich – *Geht auf die Druckerei zu.*

Stadtvogt. Nein, bleiben Sie einen Augenblick, Herr Aslaksen. Mit Ihrer Erlaubnis, Herr Hovstad –

Hovstadt. Ich bitte, Herr Stadvogt –

Stadtvogt. Sie sind ein besonnener und verständiger Mann, Herr Aslaksen.

Aslaksen. Freut mich, daß Sie das finden, Herr Stadtvogt.

Stadtvogt. Und ein Mann, der in den weitesten Kreisen Einfluß hat.

Aslaksen. Doch hauptsächlich nur unter den kleinen Leuten.

Stadtvogt. Die kleinen Steuerzahler sind die zahlreichsten – hier wie überall.

Aslaksen. Allerdings ja.

Stadtvogt. Und ich zweifle nicht daran, daß Sie die Stimmung unter ihnen im allgemeinen kennen. Nicht wahr?

Aslaksen. Ja freilich, das darf ich schon sagen, Herr Stadtvogt.

Stadtvogt. Ja, – wenn also eine so rühmenswerte Opferwilligkeit unter den weniger bemittelten Bürgern der Stadt herrscht, so –

Aslaksen. Wie das?

Hovstadt. Opferwilligkeit?

Stadtvogt. Das ist ein schönes Zeichen von Gemeinsinn, ein außerordentlich schönes Zeichen. Fast möchte ich sagen, ich hätte es nicht erwartet. Aber Sie kennen ja die Stimmung besser als ich.

Aslaksen. Ja aber, Herr Stadtvogt –

Stadtvogt. Und es handelt sich wahrlich nicht um geringe Opfer, die die Stadt wird bringen müssen.

Hovstadt. Die Stadt?

Aslaksen. Aber ich begreife nicht –. Es ist doch das Bad –!

Stadtvogt. Nach einem vorläufigen Überschlag werden die Veränderungen, die der Badearzt für wünschenswert hält, auf ein paarmal hunderttausend Kronen zu stehen kommen.

Aslaksen. Das ist ja eine schwere Menge Geld; aber –

Stadtvogt. Natürlich wird es notwendig werden, daß wir eine Kommunalanleihe aufnehmen.

Hovstadt *steht auf.* Es ist doch wohl nun und nimmermehr die Meinung, daß die Stadt –?

Aslaksen. Aus dem Stadtsäckel sollte das gehen? Aus den leeren Taschen der Kleinbürger!

Stadtvogt. Ja, verehrter Herr Aslaksen, wo sollten denn sonst die Mittel herkommen?

Aslaksen. Das ist Sorge der Herren, denen das Bad gehört.

Stadtvogt. Die Eigentümer sehen sich nicht in der Lage, noch weiter zu gehen, als es geschehen ist.

Aslaksen. Ist das *ganz sicher*, Herr Stadtvogt?

Stadtvogt. Ich habe mich genau erkundigt. Wünscht man also diese umfassenden Veränderungen, so muß die Stadt sie selbst bezahlen.

Aslaksen. Aber Himmelkreuzdonnerwetter – o, Pardon! – das ist denn doch eine ganz andere Sache, Herr Hovstad!

Hovstadt. Ja, allerdings.

Stadtvogt. Das Fatalste ist, daß wir das Bad ein paar Jahre werden schließen müssen.

Hovstadt. Schließen? Ganz schließen!

Aslaksen. An die zwei Jahre!

Stadtvogt. Ja, so lange werden die Arbeiten dauern – mindestens.

Aslaksen. Aber zum Donnerwetter, das halten wir ja überhaupt nicht aus, Herr Stadtvogt! Wovon sollen wir Hausbesitzer denn so lange leben?

Stadtvogt. Darauf zu antworten ist leider ungemein schwer, Herr Aslaksen. Aber was sollen wir denn nach Ihrer Meinung tun? Glauben Sie, wir kriegen auch nur einen einzigen Badegast her, wenn man den Leuten fortwährend einredet, daß das Wasser verdorben ist, daß wir auf einem Pestboden leben, daß die ganze Stadt –

Aslaksen. Und die ganze Geschichte ist nur ein Hirngespinst?

Stadtvogt. Ich habe mich beim besten Willen nicht vom Gegenteil überzeugen können.

Aslaksen. Ja, aber dann ist es doch ganz unverantwortlich vom Doktor Stockmann –; Verzeihung, Herr Stadtvogt, aber –

Stadtvogt. Es ist eine traurige Wahrheit, die Sie da aussprechen, Herr Aslaksen. Mein Bruder ist leider immer ein unbesonnener Mann gewesen.

Aslaksen. Und in so was wollen Sie ihn noch unterstützen, Herr Hovstad!

Hovstadt. Aber wer konnte denn auch wissen, daß –?

Stadtvogt. Ich habe eine kurze Darstellung des Sachverhalts aufgesetzt, so wie er von einem nüchternen Gesichtspunkt aufzufassen ist; und dabei habe ich angedeutet, wie man eventuellen Schäden durch Mittel abhelfen könnte, die für die Kasse des Bades erschwinglich sind.

Hovstadt. Haben Sie den Artikel bei sich, Herr Stadtvogt?

Stadtvogt *sucht in der Tasche.* Ja; ich habe ihn mitgenommen für den Fall, daß Sie –

Aslaksen *schnell.* Himmeldonnerwetter ja, – da ist er!

Stadtvogt. Wer? Mein Bruder?

Hovstadt. Wo, – wo?!

Aslaksen. Er kommt durch die Druckerei.

Stadtvogt. Fatal. Ich möchte ihm hier nicht gern begegnen, und ich hätte doch noch manches mit Ihnen zu besprechen.

Hovstadt *zeigt nach der Tür rechts.* Gehen Sie da so lange hinein.

Stadtvogt. Aber –?

Hovstadt. Sie finden nur Billing dort.

Aslaksen. Rasch, rasch, Herr Stadtvogt; er ist schon da.

Stadtvogt. Jawohl, ja; aber sehen Sie zu, daß Sie ihn bald wieder wegkriegen. *Ab durch die Tür rechts, die Aslaksen öffnet und wieder hinter ihm schließt.*

Hovstadt. Machen Sie sich etwas zu schaffen, Aslaksen. *Setzt sich und schreibt. Aslaksen wühlt in einem Haufen Zeitungen, die rechts auf einem Stuhl liegen.*

Stockmann *kommt durch die Druckerei.* Da bin ich wieder. *Legt Hut und Stock ab.*

Hovstadt *schreibend.* Schon, Herr Doktor? Beeilen Sie sich mit der Sache, von der wir gesprochen haben, Aslaksen. Die Zeit ist uns heut riesig knapp.

Stockmann *zu Aslaksen.* Noch keine Korrektur da, wie ich höre.

Aslaksen *ohne sich umzuwenden.* Nein, wie konnten Sie nur denken, Herr Doktor?

Stockmann. Ja freilich; aber Sie begreifen wohl, daß ich ungeduldig bin. Ich habe nicht Rast noch Ruhe, bis ich es gedruckt sehe.

Hovstadt. Hm; das wird gewiß noch eine gute Weile dauern. Meinen Sie nicht auch, Aslaksen?

Aslaksen. Ja, ich fürchte fast.

Stockmann. Schön, schön, meine lieben Freunde; dann komme ich wieder; ich komme gern zweimal, wenn es nötig ist. Eine so große Sache, – die Wohlfahrt der ganzen Stadt –; da darf man sich wahrhaftigen Gott nicht auf die faule Seite legen. *Will gehen, bleibt aber stehen und kommt zurück.* Hören Sie, da ist noch etwas, worüber ich mit Ihnen sprechen muß.

Hovstadt. Entschuldigen Sie; aber könnten wir nicht ein ander Mal –?

Stockmann. Es ist mit zwei Worten gesagt. Sehen Sie, es ist nur das, – wenn man nun morgen meinen Aufsatz in der Zeitung liest und folglich erfährt, daß ich den ganzen Winter hier in aller Stille für das Wohl der Stadt gewirkt habe –

Hovstadt. Ja aber, Herr Doktor –

Stockmann. Ich weiß, was Sie sagen wollen. Sie meinen, es war nur meine verfluchte Pflicht und Schuldigkeit, – meine einfache Bürgerpflicht. Natürlich; das weiß ich so gut wie Sie. Aber, meine Mitbürger, schauen Sie –; lieber Gott, die famosen Menschen halten ja so viel von mir –

Aslaksen. Ja, die Bürger haben bis heute riesig viel von ihnen gehalten, Herr Doktor.

Stockmann. Ja, und deshalb eben fürchte ich, daß –; was ich also sagen wollte: wenn nun das an sie herantritt – besonders an die unbemittelten Klassen – wie ein mahnender Ruf, die Angelegenheiten der Stadt künftig selbst in die Hand zu nehmen –

Hovstadt *steht auf.* Hm, Herr Doktor, ich will Ihnen nicht verbergen –

Stockmann. Aha, – dachte ich es mir doch, daß etwas im Werke wäre! Aber davon will ich nichts wissen. Wenn man so etwas vorbereiten sollte –

Hovstadt. Was denn?

Stockmann. Na, irgend etwas, – einen Fackelzug oder ein Bankett oder eine Sammlung für eine Ehrengabe – oder was es sonst sei, so müssen Sie mir hoch und heilig versprechen, es zu hintertreiben. Und Sie auch, Herr Aslaksen, hören Sie wohl?

Hovstadt. Entschuldigen Sie, Herr Doktor, wir wollen Ihnen lieber gleich reinen Wein einschenken –

Frau Stockmann, in Hut und Mantel, tritt links durch die Tür im Hintergrund.

Frau Stockmann *sieht den Doktor.* Also richtig!

Hovstadt *ihr entgegen.* Ei, sieh da, Sie kommen auch, gnädige Frau?

Stockmann. Was zum Henker willst *Du* hier, Käte?

Frau Stockmann. Das kannst Du Dir doch wohl denken.

Hovstadt. Wollen Sie sich nicht setzen? Oder vielleicht –

Frau Stockmann. Danke sehr; bemühen Sie sich nicht. Und nehmen Sie es auch nicht übel, wenn ich komme, um Stockmann zu holen; denn ich bin Mutter von drei Kindern, will ich Ihnen sagen.

Stockmann. Unsinn, Unsinn! Das wissen wir ja.

Frau Stockmann. Na, aber es hat wirklich nicht den Anschein, als ob Du heut sonderlich an Frau und Kind dächtest; denn sonst würdest Du doch nicht hingehen und uns allesamt ins Unglück stürzen.

Stockmann. Aber Du bist ja nicht recht gescheit, Käte? Soll es einem Manne, der Frau und Kinder hat, verwehrt sein, die Wahrheit zu verkünden, – ein nützlicher und tätiger Staatsbürger zu sein, – soll es ihm verwehrt sein, der Stadt zu dienen, in der er lebt!

Frau Stockmann. Alles mit Maß, Thomas!

Aslaksen. Das sage ich auch. Maß in allen Dingen.

Frau Stockmann. Und deshalb versündigen Sie sich an uns, Herr Hovstad, wenn Sie meinen Mann von Haus und Hof weglocken und ihn zu dieser ganzen Geschichte verleiten.

Hovstadt. Ich verleite wahrhaftig keinen zu –

Stockmann. Verleiten! Glaubst Du, *ich* ließe mich verleiten!

Frau Stockmann. Ja, das tust Du. Ich weiß wohl, daß Du der klügste Mann in der Stadt bist, aber Du läßt Dich so furchtbar leicht verleiten, Thomas. *Zu Hovstad.* Denken Sie doch bloß, er wird seine Stelle als Badearzt verlieren, wenn Sie das drucken, was er geschrieben hat –

Aslaksen. Wie – was?

Hovstadt. Ja, wissen Sie was, Herr Doktor –

Stockmann *lacht.* Haha, sie sollen's nur probieren –! Ach was, – sie werden sich hüten. Denn ich habe die kompakte Majorität hinter mir, siehst Du!

Frau Stockmann. Ja, das ist eben Dein Unglück, daß Du so was Ekliges hinter Dir hast.

Stockmann. Schnickschnack, Käte; – geh nach Hause und kümmere Dich um Deine Wirtschaft und überlaß mir die Sorge um das Gemeinwesen. Wie kannst Du nur so ängstlich sein, wenn ich so froh und zuversichtlich bin? *Reibt sich die Hände und geht auf und ab.* Die Wahrheit und das Volk werden die Schlacht gewinnen, – darauf kannst Du schwören. O, ich sehe ihn, den ganzen freisinnigen Bürgerstand, wie er sich schart zu einem siegreichen Heere –! *Bleibt vor einem Stuhl stehen.* Was – was zum Teufel ist denn *das*?

Aslaksen *sieht hin.* Au weh!

Hovstadt *ebenso.* Hm –

Stockmann. Da liegt ja der Gipfel der Autorität.

Faßt behutsam die Mütze des Stadtvogts mit den Fingerspitzen und hält sie empor.

Frau Stockmann. Die Mütze des Stadtvogts!

Stockmann. Und hier auch der Kommandostab. Kreuzhimmeldonnerwetter, wie –?

Hovstadt. Nun ja denn –

Stockmann. Ah! Ich verstehe! Er ist hier gewesen, um Sie zu beschwatzen. Haha! Da ist er an den Rechten gekommen! Und wie er mich in der Druckerei sah –. *Bricht in Gelächter aus.* Da riß er aus, Herr Aslaksen?

Aslaksen *schnell.* Ja, weiß Gott, da riß er aus, Herr Doktor.

Stockmann. Da riß er aus und ließ Stock und –. Quatsch, – Peter reißt vor nichts aus. Aber wo, zum Henker, habt Ihr ihn gelassen? Ah, – da drin natürlich. Jetzt paß mal auf, Käte!

Frau Stockmann. Thomas, – ich bitte Dich –!

Aslaksen. Nehmen Sie sich in acht, Herr Doktor!

Stockmann *hat sich die Mütze des Stadtvogts aufgesetzt und nimmt den Stock; dann geht er an die Tür, öffnet und grüßt mit der Hand an der Mütze.*
Der Stadtvogt kommt herein, rot vor Zorn. Hinter ihm kommt Billing.

Stadtvogt. Was soll der Unfug heißen?

Stockmann. Respekt, mein guter Peter. Jetzt bin ich in der Stadt die Autorität. *Spaziert auf und ab.*

Frau Stockmann, *der die Tränen nahe sind.* Aber – aber, Thomas!

Stadtvogt *geht hinter ihm her.* Gib mir meine Mütze und meinen Stock!

Stockmann *wie zuvor.* Bist Du Polizeimeister, so bin ich Bürgermeister, – ich bin Meister vom Ganzen, siehst Du!

Stadtvogt. Leg' die Mütze hin, sage ich. Vergiß nicht, es ist die reglementsmäßige Amtsmütze!

Stockmann. Pah! Glaubst Du, daß der erwachende Volkslöwe sich durch Amtsmützen schrecken ließe ? Ja, Du, – wir machen morgen Revolution in der Stadt. Du hast gedroht, mich abzusetzen; aber nun setze ich Dich ab, – setze Dich von allen Deinen Vertrauensämtern ab. – Glaubst Du etwa, ich kann das nicht? O doch. Die siegenden Gewalten der Gesellschaft sind mit mir. Hovstad und Billing werden im „Volksboten“ donnern, und Aslaksen rückt aus an der Spitze des ganzen Vereins der Hausbesitzer –?

Aslaksen. Das tue ich nicht, Herr Doktor.

Stockmann. Sie werden es tun –

Stadtvogt. Aha; Herr Hovstad zieht es am Ende doch vor, sich der Agitation anzuschließen?

Hovstadt. Nein, Herr Stadtvogt.

Aslaksen. Nein, Herr Hovstad ist nicht so dumm, um eines Hirngespinstes willen sich selbst und die Zeitung zu ruinieren.

Stockmann *sieht sich um*. Was soll das heißen?

Hovstadt. Sie haben Ihre Sache in einem falschen Lichte dargestellt, Herr Doktor; und deshalb kann ich Sie nicht unterstützen.

Billing, Nein, – nach allem, was der Herr Stadtvogt so liebenswürdig war, mir da drin mitzuteilen –

Stockmann. In falschem Licht? Das lassen Sie doch *meine* Sorge sein. Drucken Sie nur meinen Aufsatz; ich bin Manns genug, dafür einzustehen.

Hovstadt. Ich drucke ihn nicht. Ich kann und will und darf ihn nicht drucken.

Stockmann. Sie dürfen nicht? Was ist das für ein Unsinn? Sie sind doch Redakteur; und die Redakteure, *die* regieren doch die Presse, sollte ich meinen!

Aslaksen. Nein, das tun die Abonnenten, Herr Doktor.

Stadtvogt. Glücklicherweise, ja.

Aslaksen. Die öffentliche Meinung, das aufgeklärte Publikum, die Hausbesitzer und all die andern; *die* regieren die Presse.

Stockmann *gefaßt*. Und diese Mächte habe ich alle gegen mich?

Aslaksen. Ja, das haben Sie. Es würde für die Bürgerschaft den reinen Ruin bedeuten, wenn Ihr Artikel gedruckt würde.

Stockmann. Jaso. –

Stadtvogt. Meine Mütze und meinen Stock!

Stockmann nimmt die Mütze ab und legt sie mit dem Stock zusammen auf den Tisch.

Stadtvogt *nimmt beides*. Deine Bürgermeisterwürde hat ein jähes Ende genommen.

Stockmann. Wir sind noch nicht am Ende. *Zu Hovstad*. Es ist also ganz unmöglich, meinen Aufsatz in den „Volksboten" zu bringen?

Hovstadt. Ganz unmöglich; auch mit Rücksicht auf Ihre Familie.

Frau Stockmann. Ach, lassen Sie doch die Familie nur aus dem Spiel, Herr Hovstad.

Stadtvogt *zieht ein Papier aus der Tasche.* Zur Orientierung des Publikums wird es genügen, wenn das hineinkommt; es ist eine authentische Erklärung. Bitte schön.

Hovstadt *nimmt das Papier.* Gut; es soll hinein.

Stockmann. Und mein Artikel nicht. Man bildet sich ein, man könnte mich und die Wahrheit tot schweigen! Aber das geht nicht so glatt, wie Ihr meint. Herr Aslaksen, wollen Sie gleich mein Manuskript nehmen und es als Flugblatt drucken – auf meine eigenen Kosten, – im Selbstverlag. Ich will vierhundert Exemplare haben; nein, fünf-, sechshundert will ich haben.

Aslaksen. Und wenn Sie mir's mit Gold aufwögen, ich würde meine Offizin zu so etwas nicht hergeben, Herr Doktor. Ich darf es nicht mit Rücksicht auf die öffentliche Meinung. Sie kriegen es nirgendwo in der ganzen Stadt gedruckt.

Stockmann. So geben Sie es mir wieder.

Hovstadt *reicht ihm das Manuskript.* Bitte sehr.

Stockmann *nimmt Hut und Stock.* In die Welt soll es doch. Ich will es in einer großen Volksversammlung vorlesen; alle meine Mitbürger sollen die Stimme der Wahrheit vernehmen!

Stadtvogt. Kein Verein in der ganzen Stadt überläßt Dir sein Lokal für einen solchen Zweck.

Aslaksen. Nicht ein einziger; das weiß ich genau.

Billing. Gott verdamm' mich, – wenn sie es tun!

Frau Stockmann. Das wäre doch zu empörend! Weshalb stehen sie denn alle so wider Dich, Mann für Mann?

Stockmann *zornig.* Ja, das will ich Dir sagen. Darum, weil alle Männer hier in der Stadt alte Weiber sind – gerade wie Du; alles denkt nur an die Familie und nicht an die Gesellschaft.

Frau Stockmann *faßt seinen Arm.* So werde ich ihnen ein – ein altes Weib zeigen, das auch einmal Mann sein kann. Denn nun halte ich es mit Dir, Thomas!

Stockmann. Das war brav gesprochen, Käte. Und in die Welt soll es, bei meiner Seele Seligkeit! Kann ich kein Lokal bekommen, so miete ich mir einen Tambour, – mit dem ziehe ich durch die Stadt und lese es an allen Straßenecken vor.

Stadtvogt. So heillos verrückt wirst Du doch nicht sein!

Stockmann. Ja, das bin ich!

Aslaksen. Sie werden in der ganzen Stadt keinen einzigen Mann finden, der mit Ihnen geht.

Billing. Nein, Gott verdamm' mich, – den finden Sie nicht!

Frau Stockmann. Nur nicht nachgeben, Thomas. Die Jungens sollen mit Dir gehen.

Stockmann. Das ist eine ausgezeichnete Idee!

Frau Stockmann. Morten tut es sehr gern; und Ejlif, na, der wird auch mitgehen.

Stockmann. Ja, und Petra auch! Und Du auch, Käte!

Frau Stockmann. Nein, nein, – ich nicht; aber ich werde am Fenster stehen und Dir zusehen; das werde ich tun.

Stockmann *umarmt und küßt sie*. Ich danke Dir! Ja, nun werden wir eine Lanze brechen miteinander, Ihr wackeren Herren! Ich will doch sehen, ob die Niederträchtigkeit die Macht hat, einem Patrioten, der die Gesellschaft reinigen will, den Mund zu stopfen.

Er und seine Frau ab durch die Tür links im Hintergrund.

Stadtvogt *schüttelt nachdenklich den Kopf*. Nun hat er *sie* auch verrückt gemacht!

Vierter Akt

Ein großer, altmodischer Saal in Horsters Hause.

Eine offene Flügeltür im Hintergrunde führt in ein Vorzimmer. An der linken Längswand sind drei Fenster; in der Mitte der gegenüberliegenden Wand ist ein Podium errichtet, auf dem ein kleiner Tisch mit zwei Kerzen, Wasserkaraffe, einem Glase und einer Glocke stehen. Sonst ist der Saal durch Armleuchter erhellt, die zwischen den Fenstern angebracht sind. Links im Vordergrund steht ein Tisch mit Lichtern und davor ein Stuhl. Rechts ganz vorn ist eine Tür und dabei einige Stühle.

Eine Menge Bürger aller Stände. Man sieht einzelne Frauen und etliche Schulknaben darunter. Immer mehr Menschen strömen nach und nach durch den Hintergrund herein, bis der Saal voll ist.

Ein Bürger *zu einem andern, der ihm entgegenkommt.* Bist Du auch heute da, Lamstad?

Der Angesprochene. Ich, – ich bin bei allen Volksversammlungen mit bei.

Ein Danebenstehender. Sie haben doch wohl eine Pfeife mit, was?

Der zweite Bürger. Na freilich. Sie nicht?

Der dritte. Und ob. Der Schiffer Evensen, der will sich ein mächtig großes Horn mitbringen, hat er gesagt.

Der zweite Bürger. Evensen, der ist gelungen. *Gelächter in der Gruppe.*

Ein vierter Bürger *kommt dazu.* Sagt doch mal, was ist denn eigentlich heute hier los?

Der zweite Bürger. Der Doktor Stockmann, der will doch eine Rede halten gegen den Stadtvogt.

Der Neuangekommene. Aber der Stadtvogt ist doch sein Bruder.

Der erste Bürger. Das ist egal; Doktor Stockmann, der ist nicht bange.

Der dritte Bürger. Aber er hat doch unrecht; das hat im „Volksboten“ gestanden.

Der zweite Bürger. Ja, diesmal muß er wirklich unrecht haben, denn weder der Verein der Hausbesitzer noch der Bürgerklub wollten ihm ihren Saal leihen.

Der erste Bürger. Nicht einmal den Kursaal konnte er kriegen.

Der zweite. Ja, das läßt sich denken.

Ein Mann *in einer andern Gruppe.* Sie, mit wem soll man's eigentlich in dieser Sache halten?

Ein zweiter Mann *in derselben Gruppe.* Richten Sie sich nur nach dem Buchdrucker Aslaksen, und tun Sie, was *der* tut.

Billing, *mit einer Mappe unter dem Arm, bahnt sich einen Weg durch die Menge.* Pardon, meine Herren! Darf ich vielleicht durch? Ich bin der Berichterstatter des „Volksboten". Besten Dank!

Setzt sich links an den Tisch.

Ein Arbeiter. Wer war denn das?

Ein zweiter Arbeiter. *Den* kennst Du nicht? Das ist der Billing von Aslaksen seiner Zeitung.

***Horster** führt **Frau Stockmann** und **Petra** durch die Tür rechts im Vordergrund herein. **Ejlif** und **Morten** folgen.*

Horster. Hier, dachte ich, ist der beste Platz für die Herrschaften; man kommt leicht hinaus, wenn etwas passieren sollte.

Frau Stockmann. Glauben Sie denn, daß es Radau gibt?

Horster. Man kann nie wissen –; wo so viel Menschen sind –. Aber nehmen Sie nur ruhig Platz.

Frau Stockmann *setzt sich.* Wie hübsch von Ihnen, daß Sie Stockmann den Saal zur Verfügung gestellt haben.

Horster. Da kein anderer wollte, so –

Petra, *die sich ebenfalls gesetzt hat.* Und mutig war es auch, Horster.

Horster. Ach, dazu, meine ich, gehört doch wohl kein so großer Mut.

Hovstad und Aslaksen kommen zu gleicher Zeit, doch jeder für sich, durch die Menge.

Aslaksen *geht zu Horster hin.* Ist der Doktor noch nicht da?

Horster. Er wartet drin.

Bewegung oben an der Tür im Hintergrund.

Hovstadt *zu Billing.* Da ist der Stadtvogt. Sehen Sie doch!

Billing. Ja, Gott verdamm' mich, – er kommt wirklich her!

Stadtvogt Stockmann bahnt sich vorsichtig einen Weg durch die Menge; er grüßt höflich und stellt sich links an die Wand. Bald darauf kommt Doktor Stockmann durch die Tür rechts im Vordergrund. Er trägt einen schwarzen Anzug (Gehrock) und eine weiße Kravatte. Einige klatschen zaghaft, begegnen aber einem gedämpften Zischen. Es wird still.

Stockmann *halblaut.* Wie ist Dir, Käte?

Frau Stockmann. O, ganz gut. *Leiser.* Werde nur nicht gleich hitzig, Thomas.

Stockmann. Ach, Du, ich weiß mich schon zu beherrschen. *Sieht auf seine Uhr, steigt auf das Podium und verneigt sich.* Die Uhr ist ein Viertel nach voll – ich fange also an –

Holt sein Manuskript hervor.

Aslaksen. Zunächst muß wohl ein Vorsitzender gewählt werden.

Stockmann. Nein, – das ist durchaus nicht nötig.

Einige Herren *rufen:* Doch! Doch!

Stadtvogt. Ich sollte auch meinen, es müßte ein Präsident gewählt werden.

Stockmann. Aber Peter, ich habe diese Versammlung doch berufen, um einen Vortrag zu halten!

Stadtvogt. Der Vortrag des Herrn Badearztes könnte möglicherweise zu divergierenden Meinungsäußerungen Anlaß geben.

Mehrere Stimmen *aus der Menge.* Einen Vorsitzenden! Einen Präsidenten!

Hovstadt. Der Volkswille scheint einen Vorsitzenden zu verlangen.

Stockmann *sich beherrschend.* Na meinetwegen; mag der Volkswille seinen Willen haben.

Aslaksen. Möchten Sie nicht das Amt übernehmen, Herr Stadtvogt?

Drei Herren *klatschen.* Bravo! Bravo!

Stadtvogt. Aus mehreren leicht begreiflichen Gründen muß ich ablehnen. Aber glücklicherweise haben wir in unserer Mitte einen Mann, den, wie ich glaube, alle akzeptieren können. Ich meine den Vorsitzenden des Vereins der Hausbesitzer, Herrn Buchdrucker Aslaksen.

Viele Stimmen. Jawohl, ja! Aslaksen soll leben! Hoch Aslaksen!

Stockmann *nimmt sein Manuskript und steigt vom Podium.*

Aslaksen. Wenn das Vertrauen meiner Mitbürger mich ruft, so darf ich nicht nein sagen –

Händeklatschen und Beifallsrufe. Aslaksen steigt auf das Podium.

Billing. *schreibt.* Also – „Herr Buchdrucker Aslaksen gewählt durch Akklamation –“

Aslaksen. Und da ich nun an diesem Platze stehe, so werde ich mir erlauben, ein paar kurze Worte zu sprechen. Ich bin ein ruhiger und friedfertiger Mann, der auf besonnene Mäßigung hält – und – auf mäßige Besonnenheit; das weiß jeder, der mich kennt.

Viele Stimmen. Sehr richtig, Aslaksen! Jawohl!

Aslaksen. Ich habe in der Schule des Lebens und der Erfahrung gelernt, daß Mäßigung *die* Tugend ist, die einen Staatsbürger am besten kleidet –

Stadtvogt. Hört! Hört!

Aslaksen. – daß auch der Gesellschaft vor allem Besonnenheit und Mäßigung frommen. Ich möchte daher dem angesehenen Mitbürger, der die Versammlung berufen hat, ans Herz legen, daß er die Grenzen der Mäßigung nicht überschreite.

Ein Mann *oben an der Tür.* Hoch der Mäßigkeitsverein!

Eine Stimme. Pfui Teufel, ja!

Viele. Seht! Seht!

Aslaksen. Keine Unterbrechungen, meine Herren! – Wünscht einer das Wort?

Stadtvogt. Herr Präsident!

Aslaksen. Herr Stadtvogt Stockmann hat das Wort.

Stadtvogt. In anbetracht des nahen Verwandtschaftsverhältnisses, in dem ich bekanntermaßen zu dem amtierenden Badearzt stehe, wäre mir nichts erwünschter gewesen, als mich hier heute nicht äußern zu brauchen. Aber mein Verhältnis zum Bade und die Rücksicht auf die allerwichtigsten Interessen der Stadt zwingen mich, einen Antrag zu stellen. Ich darf wohl voraussetzen, daß die hier anwesenden Bürger ohne Ausnahme es ungern sehen würden, wenn unzuverlässige und übertriebene Mitteilungen über die sanitären Zustände des Bades und der Stadt in weitere Kreise gelangten.

Viele Stimmen. Jawohl! Ja! Natürlich! Wir protestieren!

Stadtvogt. Ich möchte deshalb vorschlagen, daß die Versammlung dem Herrn Badearzt nicht gestatte, seine Darstellung der Sache vorzulesen oder vorzutragen.

Stockmann *aufbrausend.* Nicht gestatte –! Was!

Frau Stockmann *hustet.* Hm – hm!

Stockmann *faßt sich.* Na; – also nicht gestatte!

Stadtvogt. Ich habe in meiner Erklärung im „Volksboten" das Publikum mit den wesentlichsten Fakten bekannt gemacht, so daß alle wohlgesinnten Bürger sich unschwer ihr Urteil bilden können. Man wird daraus ersehen, daß der Vorschlag des Herrn Badearztes – abgesehen von einem Mißtrauensvotum gegen die Spitzen der Stadtverwaltung, – im Grunde darauf hinausläuft, den steuerpflichtigen Einwohnern eine unnötige Ausgabe von mindestens hunderttausend Kronen aufzubürden.

Äußerungen des Unmuts; hier und dort Pfeifen.

Aslaksen *läutet mit der Glocke.* Silentium, meine Herren! Ich bin so frei, den Vorschlag des Herrn Stadtvogts zu unterstützen. Es ist auch *meine* Meinung, daß die Agitation des Herrn Doktor Stockmann einen Hintergedanken hat. Er spricht vom Bade; aber er strebt eine Revolution an, er will die Verwaltung in andere Hände bringen. Niemand zweifelt an den redlichen Absichten des Herrn Doktors. I bewahre – darüber kann es nur *eine* Meinung geben. *Ich* bin auch ein Freund der kommunalen Selbstverwaltung, – nur darf sie den Steuerzahlern nicht zu hoch zu stehen kommen. *Das* aber würde hier der Fall sein; und deshalb –; hol' mich der Henker – mit Verlaub – kann ich diesmal nicht mit Herrn Doktor Stockmann gehen. Man kann auch Gold zu teuer kaufen; das ist so *meine* Meinung.

Lebhafte Zustimmung von allen Seiten.

Hovstadt. Auch ich fühle mich veranlaßt, meine Stellungnahme zu vertreten. Die Agitation des Herrn Doktor Stockmann schien zunächst einigen Anklang zu finden, und ich unterstützte sie so unparteiisch, wie ich konnte. Dann aber kamen wir dahinter, daß wir uns durch eine falsche Darstellung hatten irreführen lassen –

Stockmann. Falsche –!

Hovstadt. Na also – durch eine nicht ganz zuverlässige Darstellung. Die Erklärung des Herrn Stadtvogts hat das bewiesen. Ich hoffe, daß niemand hier im Saal meine liberale Gesinnung verdächtigt; die Haltung des „Volksboten" in den großen politischen Fragen ist jedem bekannt. Aber ich habe von erfahrenen und besonnenen Männern gelernt, daß in rein lokalen Fragen ein Blatt mit einer gewissen Vorsicht zu Werke gehen muß.

Aslaksen. Vollkommen einverstanden mit dem Redner.

Hovstadt. Und in dem vorliegenden Falle steht es über allem Zweifel, daß Herr Doktor Stockmann die allgemeine Stimmung gegen sich hat. Was ist aber die erste und vornehmste Pflicht eines Redakteurs, meine Herren? Doch wohl die: in Übereinstimmung mit seinen Lesern zu wirken? Hat er nicht sozusagen ein stillschweigendes Mandat, standhaft und unbeirrt die Wohlfahrt seiner Gesinnungsgenossen zu fördern? Oder sollte ich mich hierin irren?

Viele Stimmen. Nein, nein, nein! Hovstad hat recht!

Hovstadt. Es hat mich einen schweren Kampf gekostet, mit einem Manne zu brechen, in dessen Hause ich noch in jüngster Zeit ein häufiger Gast gewesen bin, – mit einem Manne, der bis zu diesem Tage sich bei seinen Mitbürgern des ungeteilten Wohlwollens erfreuen durfte, – einem Manne, dessen einziger – oder wenigstens hauptsächlichster Fehler ist, daß er mehr sein Herz als seinen Kopf um Rat fragt.

Stimmen hier und dort. Sehr richtig! Hoch Doktor Stockmann!

Hovstadt. Aber meine Pflicht der Gesellschaft gegenüber gebot mir, mit ihm zu brechen. Und dann gibt es noch eine Rücksicht, die mich veranlaßt, ihn zu bekämpfen und ihn womöglich von dem schicksalsschwangeren Weg abzubringen, den er eingeschlagen hat; das ist die Rücksicht auf seine Familie –

Stockmann. Bleiben Sie bei der Wasserleitung und der Kloake!

Hovstadt. – die Rücksicht auf seine Gattin und seine unversorgten Kinder.

Morten. Meint er uns, Mutter?

Frau Stockmann. Pst!

Aslaksen. Ich bringe also den Antrag des Herrn Stadtvogts zur Abstimmung.

Stockmann. Ist nicht nötig! Ich gedenke jetzt nicht über die Schweinerei da unten in der Badeanstalt zu reden. Nein, – Ihr sollt etwas ganz anderes zu hören bekommen.

Stadtvogt *halblaut.* Was ist denn nun schon wieder?

Ein Betrunkener *oben an der Eingangstür.* Ich bin steuerberechtigt! Und darum bin ich auch meinungsberechtigt! Und ich bin der sichern – festen – unbegreiflichen Meinung, daß –

Mehrere Stimmen. Ruhe da hinten!

Andere. Er ist betrunken! Schmeißt ihn hinaus!

Der Betrunkene wird an die Luft gesetzt.

Stockmann. Habe ich das Wort?

Aslaksen *läutet mit der Glocke.* Herr Doktor Stockmann hat das Wort!

Stockmann. Vor einigen Tagen noch hätte man sich nur unterstehen und versuchen sollen, mich mundtot zu machen, wie hier in dieser Stunde! Wie ein Löwe hätte ich um meine heiligen Menschenrechte gekämpft! Aber jetzt kann es mir gleich sein; denn nun habe ich mich über wichtigere Dinge auszusprechen.

Die Menge schart sich dichter um ihn. **Morten Kiil** *wird unter den Zunächststehenden sichtbar.*

Stockmann *fährt fort.* Ich habe in diesen Tagen viel gedacht und gegrübelt, – habe so intensiv gegrübelt, daß mir schließlich der Kopf brummte –

Stadtvogt *hustet.* Hm –!

Stockmann. – dann aber ward mir alles klar; ich sah mit voller Deutlichkeit den Zusammenhang. Und deshalb stehe ich jetzt hier. Ich will große Enthüllungen machen, liebe Mitbürger! Ich will Euch über eine Entdeckung von ganz anderer Tragweite berichten als über die Bagatelle, daß unsere Wasserleitung vergiftet ist und unser Kurort auf verpestetem Boden steht.

Viele Stimmen *schreien*: Nicht vom Bade reden! Wir wollen es nicht hören! Nichts davon!

Stockmann. Ich habe gesagt, ich will über die große Entdeckung sprechen, die ich dieser Tage gemacht habe, – die Entdeckung, daß unsere sämtlichen geistigen Lebensquellen vergiftet sind, daß unsere ganze bürgerliche Gesellschaft auf dem verpesteten Boden der Lüge ruht.

Verblüffte Stimmen *halblaut.* Was sagt er da?

Stadtvogt. Solch eine Insinuation –.

Aslaksen *mit der Hand an der Glocke.* Der Redner wird ersucht, sich zu moderieren.

Stockmann. Ich habe meine Vaterstadt so tief geliebt, wie ein Mann nur die Heimat seiner Jugend lieben kann. Ich war nicht alt, als ich von hier wegging, und die Entfernung, die Sehnsucht und die Erinnerung warfen etwas wie einen gesteigerten Glanz auf den Ort wie auf die Menschen.

Vereinzelter Applaus und Beifallsrufe.

Stockmann. Dann saß ich lange Jahre in einem entsetzlichen Erdwinkel hoch oben im Norden. Begegnete ich einmal einem der Leute, die da zwischen en Steinhaufen verstreut lebten, dann dachte ich zuweilen, es wäre besser für die armen, verkommenen Geschöpfe, wenn sie einen Tierarzt da oben hätten anstelle eines Mannes wie ich.

Gemurmel im Saal.

Billing *legt die Feder hin.* So etwas habe ich, Gott verdamm' mich, denn doch noch nicht gehört –!

Hovstadt. Das heißt eine ehrenwerte Bevölkerungsklasse verhöhnen!

Stockmann. Nur ein bißchen Geduld! – ich glaube, keiner wird mir nachsagen können, ich hätte da oben meine Vaterstadt vergessen. Ich saß und brütete wie ein Eidervogel; und was ich ausgebrütet habe – das war die Idee dieses Bades.

Applaus und Einspruch.

Stockmann. Und als ich dann endlich nach Jahr und Tag, dank einer guten und glücklichen Schicksalsfügung, in die Heimat zurückkehren durfte, – ja, liebe Mitbürger, da war es mir, als bliebe mir auf Erden kaum noch etwas zu wünschen übrig. Nur den einen Wunsch hatte ich noch: mit heißem, unermüdlichem Eifer tätig zu sein zum Wohl der Heimat und des Gemeinwesens.

Stadtvogt *sieht in die Luft.* Die Art und Weise ist ein bißchen sonderbar – hm.

Stockmann. Und so schwelgte und schwelgte ich hier im Glücke der Verblendung. Gestern früh aber – oder eigentlich schon vorgestern abend – da gingen mir die Augen meines Geistes weit auf, und das erste, was ich zu sehen bekam, das war die grenzenlose Dummheit der Behörden –

Lärm, Rufe und Gelächter. Frau Stockmann hustet anhaltend.

Stadtvogt. Herr Präsident!

Aslaksen *läutet.* Kraft meiner Befugnisse –!

Stockmann. Es ist kleinlich, sich an ein Wort zu klammern, Herr Aslaksen. Ich meine nur, daß ich hinter die unglaubliche Schweinewirtschaft gekommen bin, deren sich die Spitzen der Badeverwaltung schuldig gemacht haben. „Spitzen" kann ich auf den Tod nicht leiden; – Leute dieser Art habe ich in meinem Leben dick bekommen. Sie sind wie Ziegenböcke in einer jungen Baumpflanzung; überall richten sie Unheil an; dem freien Manne stehen sie im Wege, wie er sich auch dreht und wendet, – und ich würde es am liebsten sehen, man könnte sie ausrotten wie Raubwild –

Unruhe im Saal.

Stadtvogt. Herr Präsident, dürfen solche Ausdrücke passieren?

Aslaksen *mit der Hand an der Glocke.* Herr Doktor! –

Stockmann. Ich wundere mich nur, daß mir erst jetzt die Augen über die Herren aufgegangen sind, denn ich habe doch hier beinahe Tag für Tag ein

Prachtexemplar vor Augen gehabt, – meinen Bruder Peter – schwerfällig und zäh in seinen Vorurteilen –

Gelächter, Lärm und Pfeifen. Frau Stockmann hustet fortdauernd. Aslaksen läutet heftig.

Der Betrunkene, *der wieder hereingekommen ist.* Meint er etwa *mich?* Ich heiße doch nämlich Pettersen; aber der Teufel soll mich holen –

Entrüstete Stimmen. Hinaus mit dem Betrunkenen! Setzt ihn vor die Tür!

Der Mann wird wieder hinausgeworfen.

Stadtvogt. Wer war der Mensch?

Ein in der Nähe stehender. Kannte ihn nicht, Herr Stadtvogt.

Ein zweiter. Er ist kein Hiesiger.

Ein dritter. Es soll ein Holzhändler sein aus – *Der Rest ist undeutlich.*

Aslaksen. Der Mann hatte offenbar einen Bierrausch –. Fahren Sie fort, Herr Doktor; aber befleißigen Sie sich endlich einmal der Mäßigung.

Stockmann. Na also, Mitbürger, ich werde mich nicht weiter über unsere „Spitzen" auslassen. Wenn einer aus dem, was ich eben gesagt habe, schließen sollte, daß ich heute diesen Herren zu Leibe will, so irrt er, – irrt er ganz gewaltig. Denn ich tröste mich mit dem wohltuenden Gedanken, daß diese Greise da aus einer absterbenden Ideenwelt sich selbst am besten zum Tode befördern; sie brauchen keines Doktors Hilfe, um möglichst schnell in die Grube zu fahren. Und *diese* Art Leute sind es gar nicht einmal, die für die Gesellschaft die größte Gefahr sind; *sie* sind es nicht, die zur Vergiftung unserer geistigen Lebensquellen und zur Verpestung des Bodens, auf dem wir stehen, das meiste beitragen; nicht *sie* sind in unserm Gemeinwesen die gefährlichsten Feinde der Wahrheit und der Freiheit.

Rufe von allen Seiten. Wer denn? Wer sonst? Namen nennen!

Stockmann. Verlaßt Euch drauf, ich *werde* sie nennen! Denn das ist ja die große Entdeckung, die ich gestern gemacht habe. *Mit erhobener Stimme.* Der gefährlichste Feind der Wahrheit und Freiheit bei uns – das ist die kompakte Majorität. Jawohl, die verfluchte, kompakte, liberale Majorität, – *die* ist es! Nun wißt Ihr's!

Ungeheurer Lärm im Saal. Die Mehrzahl schreit, stampft und pfeift. Einige ältere Herren wechseln verstohlene Blicke und scheinen sich zu amüsieren. Frau Stockmann steht ängstlich auf; Ejlif und Morten treten drohend zu den Schulknaben, die Lärm machen. Aslaksen läutet mit der Glocke und mahnt zur Ruhe. Hovstad und Billing sprechen zusammen, ohne daß man sie versteht. Endlich tritt wieder Ruhe ein.

Aslaksen. Der Vorsitzende erwartet, daß der Redner seine unbesonnenen Ausdrücke zurücknimmt.

Stockmann. I, ich denke gar nicht dran, Herr Aslaksen. Die überwiegende Mehrheit in unserer Gesellschaft ist es, die mich meiner Freiheit beraubt und mir verbieten will, die Wahrheit auszusprechen.

Hovstadt. Die Mehrheit hat immer das Recht auf ihrer Seite.

Billing. Und auch die Wahrheit; Gott verdamm' mich!

Stockmann. Die Mehrheit hat nie das Recht auf ihrer Seite. Nie, sag' ich! Das ist auch so eine von den gesellschaftlichen Lügen, gegen die ein freier, denkender Mann sich empören muß. Woraus besteht denn in einem Lande die Mehrheit der Bewohner? Aus den klugen Leuten oder aus den dummen? Wir sind, denke ich, uns wohl darin einig, daß die Dummen in geradezu überwältigender Majorität rings auf der weiten Erde vorhanden sind. Aber zum Teufel noch mal, es kann doch nie und nimmer in Ordnung sein, daß die Dummen über die Klugen herrschen!

Lärm und Geschrei.

Stockmann. Ja, ja; Ihr könnt mich wohl niederschreien, aber Ihr könnt mich nicht widerlegen. Die Mehrheit hat die *Macht* – leider –; aber das *Recht* hat sie nicht. Das Recht habe ich und noch ein paar andere. Die Minorität hat immer das Recht.

Wieder großer Lärm.

Hovstadt. Haha! Herr Doktor Stockmann ist also seit vorgestern Aristokrat geworden!

Stockmann. Ich habe gesagt, daß ich nicht ein Wort an die kleine engbrüstige, kurzatmige Bande verschwenden mag, die zurückgeblieben ist. Mit ihr hat das pulsierende Leben nichts mehr zu schaffen. Aber ich denke an die Schar der Wenigen und Vereinzelten hier zu Lande, die sich die jungen, keimenden Wahrheiten alle zu eigen gemacht haben. Die Männer stehen sozusagen draußen auf Vorposten, so weit vorgeschoben, daß die kompakte Majorität ihnen noch nicht nachgerückt ist, – und *da* kämpfen sie für Wahrheiten, die noch zu neugeboren sind in der Welt des Bewußtseins, als daß sie die Mehrheit für sich haben könnten.

Hovstadt. Na, dann ist der Herr Doktor also Revolutionär geworden!

Stockmann. Himmeldonnerwetter ja, das bin ich, Herr Hovstad. Ich gedenke Revolution zu machen gegen die Lüge, daß die Mehrheit im Besitz der Wahrheit ist. Was sind denn das für Wahrheiten, um die sich die Mehrheit gewöhnlich schart. Das sind die Wahrheiten, die so hoch in die Jahre gekommen sind, daß sie auf dem Wege sind, wacklig zu werden. Aber wenn eine Wahrheit so alt geworden ist, so ist sie auch auf dem besten Wege, eine Lüge zu werden, meine Herren.

Gelächter und höhnische Zurufe.

Stockmann. Ja, ja, – ob Ihr mir's nun glaubt oder nicht; aber die Wahrheiten sind durchaus nicht so zählebige Methusalems, wie sich die Leute einreden. Eine normal gebaute Wahrheit lebt – sagen wir – in der Regel siebzehn bis achtzehn, höchstens zwanzig Jahre; selten länger. Aber solche bejahrten Wahrheiten sind immer schauerlich spindeldürr. Und trotzdem macht sich erst *dann* die Mehrheit mit ihnen bekannt und empfiehlt sie der Gesellschaft als gesunde geistige Nahrung. Aber es steckt kein großer Nährwert in solcher Kost, kann ich Euch versichern; und das muß ich als Arzt wissen. Diese ganzen Majoritätswahrheiten kann man mit Rauchfleisch vom vorigen Jahr vergleichen; sie sind so etwas wie ranzige, verdorbene, neugesalzene Schinken. Und davon kommt dieser ganze moralische Skorbut, der rings in allen Gesellschaftsschichten grassiert.

Aslaksen. Mir scheint, der geschätzte Redner schweift einigermaßen von der Sache ab.

Stadtvogt. Ich muß im wesentlichen der Ansicht des Herrn Präsidenten beitreten.

Stockmann. Du bist wohl nicht recht gescheit, Peter! Ich halte mich ja so streng an die Sache wie möglich. Denn *da*von will ich ja doch reden, daß die

Masse, die Mehrheit, diese verdammte kompakte Majorität, – daß sie es ist, sage ich, die unsere geistigen Lebensquellen vergiftet und den Boden unter unsern Füßen verpestet.

Hovstadt. Und das täte des Volkes große, freisinnige Mehrheit, weil sie besonnen genug ist, den sicheren und anerkannten Wahrheiten zu huldigen?

Stockmann. Ach, mein guter Herr Hovstad, schwätzen Sie doch nicht von sicheren Wahrheiten! Die Wahrheiten, die von der Masse und dem Pöbel anerkannt werden, das sind jene Wahrheiten, die in den Tagen unserer Großväter die Vorpostenkämpfer für sicher hielten. Wir Vorpostenkämpfer von heutzutage, wir anerkennen sie nicht länger; und ich bin der festen Überzeugung, es gibt nur die eine sichere Wahrheit, daß keine Gesellschaft ein gesundes Leben führen kann auf Grund solcher alten, marklosen Wahrheiten.

Hovstadt. Anstatt hier ins Blaue hinein zu reden, wäre es doch nett, wenn man uns mitteilte, was für alte, marklose Wahrheiten das sind, von denen wir leben.

Zustimmung von mehreren Seiten.

Stockmann. Ach, ich könnte einen ganzen Haufen solchen Dreckzeugs herzählen; aber zunächst will ich mich auf *eine* anerkannte Wahrheit beschränken, die im Grunde eine eklige Lüge ist, von der aber trotzdem Herr Hovstad wie der „Volksbote“ und alle Anhänger des „Volksboten“ leben.

Hovstadt. Und die wäre –?

Stockmann. Es ist die Lehre, die Ihr von Euren Vätern ererbt habt und nun gedankenlos in die Welt hinausposaunt, – die Lehre, daß die niederen Klassen, der Haufe, die Masse, daß die der Kern des Volkes – daß sie das Volk selbst seien, – daß der gemeine Mann, daß die Unwissenden und Unfertigen innerhalb der Gesellschaft dasselbe Recht haben zu verdammen und anzuerkennen, zu regieren und zu beschließen, wie die kleine Zahl der geistig vornehmen Persönlichkeiten.

Billing. Das habe ich denn doch, Gott verdamm' mich –

Hovstadt *gleichzeitig, ruft*: Bürger, merkt auf!

Entrüstete Stimmen. Hoho! Wir sind nicht das Volk? Nur die Vornehmen sollen regieren?

Ein Arbeiter. Schmeißt ihn hinaus, den Mann, der solche Reden führt!

Andere. Setzt ihn an die Luft!

Ein Bürger *schreit*: Ins Horn gestoßen, Evensen!

Dröhnende Horntöne; Pfeifen und rasender Lärm im Saal.

Stockmann, *nachdem der Lärm sich ein wenig gelegt hat.* Aber so seid doch vernünftig! Wollt Ihr denn nicht ein einziges Mal die Stimme der Wahrheit hören? Ich verlange ja gar nicht, daß Ihr alle gleich auf der Stelle mir beipflichten sollt. Aber ich hätte allerdings erwartet, Herr Hovstad würde nach einiger Überlegung mir recht geben. Denn Herr Hovstad erhebt ja Anspruch darauf, Freidenker zu sein –

Verblüffte, halblaute Fragen. Freidenker, sagt er? Was? Hovstad ist Freidenker?

Hovstadt *ruft*: Beweise, Herr Doktor Stockmann! Wann hätte ich das je drucken lassen?

Stockmann *besinnt sich.* Schockschwerenot ja, da haben Sie recht! – den Freimut haben Sie nie gehabt. Na, ich will Sie nicht in die Tinte setzen, Herr Hovstad. Ich selbst bin also der Freidenker. Und jetzt will ich Euch allen aus der Naturwissenschaft beweisen, daß der „Volksbote" Euch schamlos an der Nase herumführt, wenn er Euch vorerzählt, daß Ihr, daß das Volk, daß die Masse und der Pöbel der wahre Kern des Volkes sind. Das ist bloß eine Zeitungsente, seht Ihr. Die große, Masse ist nur der Rohstoff, aus dem man das Volk machen soll.

Brummen, Gelächter und Unruhe im Saal.

Stockmann. Ja, geht es denn nicht so in der ganzen übrigen Welt des Lebendigen zu? Was für ein Unterschied ist nicht zwischen einer kultivierten und einer unkultivierten Tierfamilie? Seht Euch nur einmal ein gemeines Bauernhuhn an. Was für einen Fleischwert hat solch ein verkrüppeltes Hühnervieh? Wahrhaftig keinen großen! Und was für Eier legt es? Eine halbwegs anständige Krähe kann ungefähr ebenso gute Eier legen. Aber nun nehmt einmal ein kultiviertes spanisches oder japanisches Huhn oder nehmt einen vornehmen Fasan oder eine Truthenne; – ja da werdet Ihr den Unterschied sehen! Und dann nenne ich die Hunde, mit denen wir Menschen so erstaunlich nahe verwandt sind. Denkt Euch zunächst einmal einen gewöhnlichen Pöbelhund – ich meine, solch einen ekligen, zottigen, pöbelhaften Köter, der nur die Straßen entlang rennt und die Häuser versaut. Und dann vergleicht den Köter mit einem Pudel, der schon seit mehreren Generationen aus einem vornehmen Hause stammt, wo er feines Futter gekriegt und Gelegenheit gehabt hat, harmonische Stimmen und Musik zu hören. Glaubt Ihr nicht, daß beim Pudel das Gehirn ganz anders entwickelt ist als beim Köter? Ja, verlaßt Euch drauf! Solche kultivierten jungen Pudel sind es, die die Gaukler zu den erstaunlichsten Kunststücken abrichten. So etwas kann ein gemeiner Bauernköter niemals lernen, und wenn er sich auf den Kopf stellt.

Lärm und Ulken rings umher.

Ein Bürger *ruft*: Nun wollen Sie uns auch noch zu Hunden machen?

Ein zweiter. Wir sind keine Tiere, Herr Doktor!

Stockmann. Und ob wir Tiere sind, mein Lieber! Wir sind alle durch die Bank so gute Tiere, wie man sie sich nur wünschen kann. Doch vornehme Tiere gibt es allerdings nicht viele unter uns. O, es ist ein ganz gewaltiger Unterschied zwischen Pudelmenschen und Kötermenschen. Und das Komische an der Sache ist, daß Herr Hovstad mir durchaus beistimmt, solange von vierbeinigen Tieren die Rede ist –

Hovstadt. Ja, die lasse ich Ihnen hingehen.

Stockmann. Jawohl; aber sobald ich das Gesetz auf die zweibeinigen ausdehne, so macht Herr Hovstad nicht mehr mit; dann hat er nicht mehr den Mut, seiner eigenen Meinung zu sein, seine eigenen Gedanken zu Ende zu denken; dann stellt er die ganze Lehre auf den Kopf und verkündet im „Volksboten", der Bauernhahn und der Straßenköter, – *das* wären die *Pracht*exemplare der Menagerie. Aber so geht es immer, wenn einem noch die plebejische Abstammung in den Gliedern steckt, und man sich nicht zu geistiger Vornehmheit durchgearbeitet hat.

Hovstadt. Ich mache auf keinerlei Vornehmheit Anspruch. Ich stamme von einfachen Bauern ab; und ich bin stolz darauf, daß ich tief in den niederen Klassen wurzle, die hier verhöhnt werden.

Viele Arbeiter Hovstad hoch! Hurra, Hurra!

Stockmann. *Die* Art Plebs, von der ich hier spreche, die ist nicht bloß unten in den Niederungen zu finden; von der kriecht es und wimmelt es rings um uns her, – bis hinauf zu den Höhen der Gesellschaft. Seht Euch nur einmal Euren eigenen, feinen, ehrsamen Stadtvogt an! Mein Bruder Peter, der ist auch ein Plebejer, wie er im Buche steht –

Lachen und Zischen.

Stadtvogt. Ich protestiere gegen solche persönlichen Ausfälle.

Stockmann *unbeirrt*. – und zwar nicht deshalb, weil er wie ich von einem alten, ekligen Seeräuber unten aus Pommern oder aus der Gegend da herstammt, – daher stammen wir nämlich –

Stadtvogt. Abgeschmackte Legende. Wird bestritten!

Stockmann. – sondern darum, weil er die Gedanken seiner Vorgesetzten denkt und weil er stets der Meinung seiner Vorgesetzten ist. Leute, die das tun, sind geistiger Pöbel; seht, deshalb ist mein stolzer Bruder Peter im Grunde so furchtbar wenig vornehm, – und folglich auch so wenig freisinnig.

Stadtvogt. Herr Präsident!

Hovstadt. Also die Vornehmen, die sind hier zu Lande die Freisinnigen? Das ist ja eine ganz neue Enthüllung.

Lachen in der Versammlung.

Stockmann. Jawohl, das gehört auch mit zu meiner neuen Entdeckung. Und auch *das* gehört noch dazu, daß Freisinn sich beinah ganz mit Moralität deckt. Und deshalb sage ich, daß es ganz unverantwortlich vom „Volksboten" ist, wenn er tagaus, tagein die Irrlehre verkündet, die Masse und der Pöbel, die kompakte Majorität wären im Besitz des Freisinns und der Moral, – und das Laster und die Verdorbenheit und der geistige Dreck aller Art, das sei etwas, das aus der Kultur heraussickere, wie all der Unrat von den Gerbereien im Mühlthal zum Bade heruntersickert!

Lärm und Unterbrechung.

Stockmann *unbeirrt, lacht in seinem Eifer*. Und doch kann dieser selbe „Volksbote" predigen, daß die Masse und der Pöbel gehoben werden müßten, zu höheren Lebensbedingungen! Kreuzhimmeldonnerwetter noch mal, – wenn die Lehre des „Volksboten" stichhielte, so wäre ja diese Hebung des Volkes gleichbedeutend damit, daß man es geraden Wegs ins Verderben hinabschleuderte! Aber glücklicherweise ist es nur eine alte überkommene Volkslüge, daß die Kultur demoralisiere. Nein, die Verdummung, die Armut, die Elendigkeit der Lebensverhältnisse, die sind es, die dieses Teufelswerk verrichten! In einem Hause, wo nicht täglich gelüftet und ausgefegt wird – Kate, mein Weib, behauptet, der Fußboden müßte auch gescheuert werden, doch darüber läßt sich streiten; – na, – in einem solchen Hause, behaupte ich, verlieren die Menschen in zwei bis drei Jahren die Fähigkeit, moralisch zu denken und zu handeln. Der Mangel an Sauerstoff entkräftet das Gewissen. Und in sehr, sehr vielen Häusern unserer Stadt scheint der Sauerstoff recht knapp zu sein, wenn die ganze kompakte Majorität so gewissenlos sein kann, die Zukunft der Stadt auf einen Schlammboden von Lüge und Betrug zu gründen.

Aslaksen. Eine so grobe Beleidigung braucht sich eine ganze Bürgerschaft nicht bieten zu lassen.

Ein Herr. Ich stelle dem Herrn Präsidenten anheim, dem Redner das Wort zu entziehen.

Eifrige Stimmen. Ja, ja! Sehr richtig! Entzieht ihm das Wort!

Stockmann *aufbrausend*. Dann schreie ich die Wahrheit an allen Straßenecken aus! Ich bringe es in auswärtige Zeitungen! Das ganze Land soll erfahren, wie hier die Dinge stehen!

Hovstadt. Es scheint beinahe, daß der Herr Doktor den Zweck verfolgt, die Stadt zugrunde zu richten.

Stockmann. Jawohl, so liebe ich meine Vaterstadt, daß ich sie eher zugrunde richten als mitansehen möchte, wie sie auf einer Lüge gedeiht.

Aslaksen. Das ist stark!

Lärm und Pfeifen. Frau Stockmann hustet vergeblich. Der Doktor hört nicht mehr.

Hovstadt *ruft in den Lärm hinein*: Der Mann muß ein Bürgerfeind sein, der den Untergang einer ganzen Gesellschaft wünschen kann.

Stockmann *in zunehmender Leidenschaft*. Es ist nichts daran gelegen, wenn eine lügenhafte Gesellschaft zugrunde geht! Vom Erdboden muß sie wegrasiert werden, sag' ich! Wie Raubwild müssen sie ausgerottet werden, alle, die in der Lüge leben! Ihr verpestet am Ende das ganze Land; Ihr bringt es dahin, daß das ganze Land den Untergang verdient. Und kommt es *so* weit, dann sage ich aus voller, innerster Überzeugung: möge das ganze Land zugrunde gehen; möge das ganze Volk hier ausgerottet werden!

Ein Mann *in der Menge.* Das heißt, ganz wie ein Volksfeind reden!

Billing. Das war, Gott verdamm' mich, des Volkes Stimme!

Die ganze Versammlung *brüllt.* Ja, ja, ja! Er ist ein Volksfeind! Er haßt sein Land! Er haßt das ganze Volk!

Aslaksen. Ich bin sowohl als Staatsbürger wie als Mensch tief entrüstet über das, was ich hier habe hören müssen. Herr Doktor Stockmann hat sich in einer Weise entpuppt, wie ich es mir nie hätte träumen lassen. Ich muß mich leider dem Urteil anschließen, das eben von achtbaren Bürgern ausgesprochen worden ist; und ich halte dafür, daß wir diesem Urteil in einer Resolution Ausdruck geben. Ich schlage folgendes vor: „Die Versammlung erklärt, daß sie den Badearzt Doktor Thomas Stockmann für einen Volksfeind hält."

Stürmische Hurrarufe und Beifall. Ein großer Kreis bildet sich um Doktor Stockmann, und pfeift ihm ins Gesicht. Frau Stockmann und Petra sind aufgestanden. Ejlif und Morten prügeln sich mit den andern Schulknaben, die auch gepfiffen haben. Einige Erwachsene trennen sie.

Stockmann *zu den Pfeifern.* O, Toren, die Ihr seid, – ich sage Euch, –

Aslaksen *läutet.* Der Herr Doktor hat nicht mehr das Wort-. Eine regelrechte Abstimmung muß stattfinden; doch um persönliche Gefühle zu schonen, soll es schriftlich und ohne Namen geschehen. Haben Sie weißes Papier, Herr Billing?

Billing. Hier ist weißes und blaues Papier.

Aslaksen *steigt herab.* Sehr schön; auf diese Weise geht es rascher. Schneiden Sie's in Stücke –; so, ja. *Zur Versammlung.* Blau bedeutet „Nein"; weiß bedeutet "Ja". Ich werde selbst herumgehen und die Stimmen sammeln.

Der Stadtvogt verläßt den Saal. Aslaksen und einige andere Bürger gehen, die Papierschnitzel im Hut, in der Versammlung herum.

Ein Herr *zu Hovstad.* Was ist denn mit dem Doktor los, Sie? Was soll man eigentlich davon denken?

Hovstadt. Sie wissen ja, wie unbesonnen er ist.

Ein zweiter Herr *zu Billing*. Hören Sie mal – Sie verkehren doch in dem Hause. Haben Sie etwa bemerkt, daß der Mann trinkt?

Billing. Ich weiß nicht, Gott verdamm' mich, was ich sagen soll. Der Toddy steht immer auf dem Tisch, so oft man hinkommt.

Ein dritter Herr. Nein, ich glaube eher, er ist zuweilen nicht ganz richtig.

Der erste Herr. Vielleicht ist der Irrsinn in seiner Familie erblich?

Billing. Kann auch sein.

Ein vierter Herr. Ach was, nur pure Bosheit ist es – Rache für irgend etwas.

Billing. Er hat allerdings neulich von Gehaltszulage gesprochen; aber die hat er nicht bekommen.

Alle Herren *stimmen ein*. Aha! Dann ist's ja leicht zu verstehen.

Der Betrunkene *mitten in der Menge*. Ich – ich will 'nen blauen haben! Und 'nen weißen will ich auch haben!

Rufe. Da ist der Betrunkene schon wieder! Hinaus, hinaus!

Kiil *nähert sich dem Doktor*. Na, Stockmann, sehen Sie nun, wohin solche schlechten Witze führen?

Stockmann. Ich habe meine Schuldigkeit getan.

Kiil. Was haben Sie da von den Gerbereien im Mühltal gesägt?

Stockmann. Sie haben es ja gehört; ich sagte, von da käme die ganze Jauche.

Kiil. Von *meiner* Gerberei auch?

Stockmann. Leider; Ihre Gerberei ist die allerschlimmste.

Kiil. Wollen Sie *das* in die Zeitungen bringen?

Stockmann. Ich werde mit nichts hinter dem Berge halten.

Kiil. Das kann Sie teuer zu stehen kommen, Stockmann. *Ab.*

Ein beleibter Herr *tritt zu Horster, ohne die Damen zu begrüßen*. Na, Kapitän! So? Sie geben Ihr Haus an Volksfeinde?

Horster. Ich denke, ich kann mit meinem Eigentum machen, was ich will, Herr Vik.

Der Herr. Dann werden Sie wohl auch nichts dagegen haben, wenn ich es mit *meinem* Eigentum ebenso mache?

Horster. Was meinen Sie damit, Herr Vik?

Der Herr. Morgen werden Sie von mir hören. *Kehrt ihm den Rücken und geht.*

Petra. Horster, war das nicht Ihr Reeder?

Horster. Jawohl, es war der Großkaufmann Vik.

Aslaksen, *mit den Stimmzetteln in der Hand, steigt auf das Podium und läutet*. Meine Herren, darf ich Sie mit dem Resultat bekannt machen? Mit allen Stimmen gegen eine –

Ein jüngerer Herr. Das ist die von dem Betrunkenen!

Aslaksen. Mit allen Stimmen gegen eine – die eines Bezechten – hat die Bürgerversammlung den Badearzt Doktor Thomas Stockmann für einen Volksfeind erklärt. *Rufe und Beifallszeichen.* Es lebe unser alter, ehrenwerter Bürgerstand. *Erneute Beifallsrufe.* Es lebe unser tüchtiger und tätiger Stadtvogt, der so loyal die Stimme des Blutes unterdrückt hat! *Hochrufe.* Die Versammlung ist geschlossen. *Er steigt herab.*

Billing. Ein Hoch dem Präsidenten!

Die ganze Versammlung. Hoch Buchdrucker Aslaksen!

Stockmann. Meinen Hut und Paletot, Petra! Kapitän, haben Sie Platz für Passagiere nach der neuen Welt?

Horster. Für Sie und die Ihrigen ist immer noch Platz, Herr Doktor.

Stockmann, *während Petra ihm in den Rock hilft*. Gut. Komm, Käte! Kommt, Jungens! *Nimmt den Arm seiner Frau.*

Frau Stockmann *leise*. Lieber Thomas, laß uns durch die Hintertür gehen.

Stockmann. Keine Hintertüren, Käte. *Mit erhobener Stimme.* Ihr sollt noch vom Volksfeind hören, ehe er den Staub von seinen Füßen schüttelt! Ich bin nicht so gottähnlich wie eine gewisse Person; ich sage nicht: „Ich vergebe Euch, denn Ihr wisset nicht, was Ihr tut“.

Aslaksen *ruft:* Das ist ein gotteslästerlicher Vergleich, Herr Doktor Stockmann!

Billing. Das ist, Gott verd – –. Es ist eine harte Sache für einen vernünftigen Menschen, so etwas mitanzuhören!

Eine grobe Stimme. Und drohen tut er auch noch!

Hetzende Rufe. Werft ihm die Fenster ein! Schmeißt ihn in den Fjord!

Ein Mann *in der Menge.* Ins Horn gestoßen, Evensen! Tute, tute!

Horntöne, Pfeifen und wildes Geschrei. Doktor Stockmann geht mit den Seinen dem Ausgang zu. Horster bahnt ihnen den Weg.

Die ganze Versammlung *heult den Fortgehenden nach.* Volksfeind! Volksfeind! Volksfeind!

Billing, *indem er seine Notizen ordnet.* Gott verdamm' mich! Heut möchte ich nicht bei Stockmanns Toddy trinken!

Die Versammlung strömt dem Ausgang zu; der Lärm pflanzt sich draußen fort; man hört von der Straße den Ruf: „Volksfeind! Volksfeind!"

Fünfter Akt

Doktor Stockmanns Arbeitszimmer.

Bücherregale und Spinde mit verschiedenen Präparaten längs den Wänden. Im Hintergrunde ist der Ausgang zum Vorzimmer; im Vordergründe links die Tür zum Wohnzimmer. Rechts an der Wand befinden sich zwei Fenster, an denen alle Scheiben zerschlagen sind. Mitten im Zimmer steht Stockmanns Schreibtisch; er ist mit Büchern und Papieren bedeckt. Das Zimmer ist in Unordnung. Vormittag.

Doktor Stockmann, *in Schlafrock und Pantoffeln, und mit dem Hauskäppchen auf dem Kopf, steht gebückt und fährt mit einem Regenschirm unter einem der Spinde hin und her; schließlich holt er einen Stein darunter hervor.*

Stockmann *spricht durch die offene Tür des Wohnzimmers.* Käte, ich. habe noch einen gefunden.

Frau Stockmann *im Wohnzimmer.* Ach, Du findest sicher noch ein ganzes Teil.

Stockmann *legt den Stein zu einem Haufen anderer auf dem Tische.* Diese Steine werde ich aufbewahren wie ein Heiligtum. Ejlif und Morten sollen sie täglich vor Augen haben, und wenn beide erwachsen sind, sollen sie sie von mir erben. *Fährt mit dem Schirm unter ein Bücherregal.* Ist sie – Donnerwetter, wie heißt sie denn gleich, das Frauenzimmer – ist sie noch nicht beim Glaser gewesen?

Frau Stockmann *tritt ein.* Ja, aber er hat sagen lassen, er wüßte noch nicht, ob er heute kommen könnte.

Stockmann. Du sollst sehen, er traut sich nicht.

Frau Stockmann. Ja, Randine meinte auch, der Nachbarn wegen traute er sich nicht. *Spricht ins Wohnzimmer hinten:* Was willst Du, Randine? Ach So. *Geht hinein und kommt gleich zurück.* Hier ist ein Brief für Dich, Thomas.

Stockmann. Laß sehen. *Öffnet ihn und liest.* Na also.

Frau Stockmann. Von wem ist er?

Stockmann. Vom Hauswirt. Er kündigt uns.

Frau Stockmann. Ist das wirklich wahr? Ein so anständiger Mann –

Stockmann *sieht in den Brief.* Er kann nicht anders, sagt er. Er täte es sehr ungern; aber er dürfte nicht anders – seiner Mitbürger wegen – mit Rücksicht auf die öffentliche Meinung – ist abhängig – darf gewisse einflußreiche Männer nicht vor den Kopf stoßen –

Frau Stockmann. Da siehst Du es nun, Thomas.

Stockmann. Ja, ja; ich sehe es; sie sind feige hier bei uns, einer wie der andere; kein Mensch getraut sich was vor lauter Rücksicht auf die anderen Leute. *Schleudert den Brief auf den Tisch.* Aber uns kann es ja gleich sein, Kate. Wir gehen jetzt nach der neuen Welt, und –

Frau Stockmann. Ja, Thomas, hast Du Dir die Sache mit der Reise aber auch gut überlegt?

Stockmann. Soll ich am Ende hier bleiben, wo man mich als einen Volksfeind an den Pranger gestellt, mich gebrandmarkt, mir die Fenster eingeschmissen hat! Und sieh mal, Käte, meine schwarzen Hosen haben sie mir auch in Fetzen gerissen.

Frau Stockmann. Ach Gott! Und noch dazu die besten, die Du hast!

Stockmann. Man sollte nie seine besten Hosen anziehen, wenn man hingeht und für Freiheit und Wahrheit ficht. Um die Hosen, weißt Du, schere ich mich ja nicht weiter; denn die kannst Du mir ja immer wieder zusammenflicken. Aber daß der Mob, der Pöbel es wagt, mir zu Leibe zu gehen, als ob sie meinesgleichen wären, – siehst Du, *das* kann ich nun und nimmermehr verwinden.

Frau Stockmann. Ja, Thomas, die Leute haben sich schrecklich roh gegen Dich benommen; aber müssen wir deshalb denn gleich außer Landes gehen?

Stockmann. Glaubst Du etwa, die Plebejer in andern Städten sind nicht ebenso unverfroren wie hier? Ach ja, Du! Das ist Jacke wie Hose. Na, laß nur. Die Köter sollen kläffen; *das* ist das Schlimmste nicht; das schlimmste ist, daß die Menschen im ganzen Land, einer wie der andere, Parteisklaven sind. Nicht, daß es im freien Westen vielleicht besser wäre, – *da* grassiert die kompakte Majorität und die liberale öffentliche Meinung und der ganze andere Teufelskram ja auch. Aber da sind die Verhältnisse großartiger, siehst Du; sie können einen totschlagen, aber sie martern einen nicht langsam; sie spannen eine freie Seele nicht auf die Folterbank wie hier zu Lande. Und im Notfall kann man ja den Dingen aus dem Wege gehen. *Spaziert durchs Zimmer.* Wenn ich nur wüßte, wo man einen Urwald oder eine kleine Südseeinsel um billigen Preis haben könnte –

Frau Stockmann. Ja, und die Jungen, Thomas?

Stockmann *bleibt stehen.* Du bist aber komisch, Käte! Möchtest Du lieber, daß die Jungen in einer solchen Gesellschaft wie hier aufwachsen? Du hast ja selbst gestern abend gesagt, die Hälfte der Bevölkerung ist wahnsinnig; und wenn die andere Hälfte den Verstand nicht verloren hat, so ist der Grund der, daß es Schafsköpfe sind, die überhaupt keinen Verstand zu verlieren haben.

Frau Stockmann. Ja, bester Thomas, Du bist aber auch so unvorsichtig in Deinen Reden!

Stockmann. Na – ist es vielleicht nicht wahr, was ich sage? Stellen sie nicht alle Begriffe auf den Kopf? Werfen sie nicht Recht und Unrecht in einen Topf?

Nennen sie nicht alles Lüge, was mir Wahrheit ist? Das Allertollste aber ist, daß hier erwachsene liberale Menschen haufenweise umherlaufen, die sich und andern einreden, sie wären freisinnig! Hast Du schon so etwas gehört, Käte!

Frau Stockmann. Ja, ja, – freilich ist das toll, aber –

Petra kommt aus dem Wohnzimmer.

Frau Stockmann. Jetzt kommst Du schon aus der Schule?

Petra. Ja; mir ist gekündigt worden.

Frau Stockmann. Gekündigt!?

Stockmann. Dir auch!

Petra. Frau Busk hat mir gekündigt, und da hielt ich es für besser, auf der Stelle zu gehen.

Stockmann. Da hast Du wahrhaftig recht getan!

Frau Stockmann. Wer hätte auch denken können, daß Frau Busk ein so schlechter Mensch wäre!

Petra. Ach, Mutter, Frau Busk ist wirklich nicht schlecht; ich habe deutlich gesehen, wie leid es ihr tat. Sie dürfte aber nicht anders, sagte sie; und da kündigte sie mir.

Stockmann *reibt sich lachend die Hände*. Auch *Sie* durfte nicht! O, es ist göttlich!

Frau Stockmann. Ach nein, nach dem häßlichen Spektakel von gestern –

Petra. Das war es nicht allein. Nun paß mal auf, Vater!

Stockmann. Na?

Petra. Frau Busk zeigte mir nicht weniger als drei Briefe, die sie heute früh bekommen hatte –

Stockmann. Ohne Namen natürlich?

Petra. Ja.

Stockmann. Ja, mit ihrem Namen wagen sie nicht einzutreten, Käte!

Petra. Und in zweien stand, ein Herr, der hier im Hause verkehrt, hätte gestern abend im Klub erzählt, ich hätte über verschiedene Dinge so unerhört freie Ansichten –

Stockmann. Und das hast Du hoffentlich nicht geleugnet?

Petra. Nein, das kannst Du Dir doch denken. Frau Busk selbst hat recht freie Ansichten, wenn wir unter vier Augen sind; da dies nun aber über mich bekannt geworden ist, so durfte sie mich nicht behalten.

Frau Stockmann. Man soll denken, – einer, der hier im Hause verkehrt! Da siehst Du nun, was Du für Deine Gastfreundschaft hast, Thomas.

Stockmann. In solcher Schweinerei wollen wir nicht länger leben. Pack' so schnell wie möglich ein, Käte; wir wollen fort, je eher je lieber.

Frau Stockmann. Seid still, – ich glaube, auf dem Flur draußen ist wer. Sieh mal nach, Petra.

Petra *öffnet die Tür.* Ah, Sie sind's, Herr Kapitän? Bitte treten Sie näher.

Horster *kommt aus dem Vorzimmer.* Guten Tag. Ja, ich wollte doch mal her und sehen, wie es hier geht.

Stockmann *schüttelt ihm die Hand.* Danke sehr; das ist sehr nett von Ihnen.

Frau Stockmann. Und vielen Dank, daß Sie uns durchgeholfen haben, Herr Kapitän.

Petra. Aber wie sind Sie denn wieder nach Hause gekommen?

Horster. O, es ging schon; ich bin ja einigermaßen kräftig; und die Leute sind doch größtenteils nur Maulhelden.

Stockmann. Ja, Sie, diese hundsgemeine Feigheit, – ist das nicht merkwürdig? Kommen Sie mal, ich will Ihnen etwas zeigen. Sehen Sie, da liegen die Steine, die sie uns in die Stube geschmissen haben. Sehen Sie sich die nur mal an! Es sind wahrhaftig in dem ganzen Haufen nicht mehr als zwei ordentliche feste Feldsteine; der Rest ist nur Klopfstein – lauter kleines Zeug. Und doch haben sie da draußen gestanden und krakehlt und geschworen, sie würden mir den Garaus machen; aber handeln – handeln –, nein, so etwas gibt es hier so gut wie gar nicht!

Horster. Das war diesmal auch wohl für Sie das beste, Herr Doktor.

Stockmann. Ja doch. Aber ärgerlich ist es trotzdem: denn kommt es einmal zu einem ernsten, fürs Land wichtigen Zusammenstoß, dann werden Sie sehen, Kapitän, daß die öffentliche Meinung die Beine unter die Arme nimmt, und daß die kompakte Majorität sich aus dem Staube macht – wie ein Rudel Säue, die waldeinwärts rennen. Der Gedanke *da*ran ist eben das Traurige; es tut mir im Herzen weh –. Na, aber, zum Henker, das ist ja doch eigentlich nur dummes Zeug. Haben die Leute mich mal für einen Volksfeind erklärt, so will ich auch einer sein.

Frau Stockmann. Das wirst Du doch nie und nimmer werden, Thomas.

Stockmann. Das solltest Du nicht mit dieser Zuversicht sagen, Käte. Ein garstiges Wort kann wirken wie ein Stecknadelstich in der Lunge. Und dies verdammte Wort –; ich kann es nicht los werden; es hat sich festgesetzt hier unter der Herzgrube, da liegt es und bohrt und zieht wie saure Säfte. Und dagegen hilft kein Magnesia.

Petra. Pah, Vater, Du solltest Ihrer nur lachen.

Horster. Die Leute werden schon noch auf andere Gedanken kommen, Herr Doktor.

Frau Stockmann. Ja, Thomas, das ist so gewiß, wie Du hier stehst.

Stockmann. Ja, vielleicht wenn es zu spät ist. Aber *das* geschieht ihnen schon recht! Dann können sie hier in ihrem Unrat waten und Gewissensbisse haben, daß sie einen Patrioten in die Verbannung getrieben haben. – Wann geht die Reise, Kapitän?

Horster. Hm, – *dar*über wollte ich eigentlich mit Ihnen reden –

Stockmann. Ist etwa mit dem Schiff was los?

Horster. Nein; aber es wird wohl so sein, daß ich nicht mitgehe.

Petra. Ihnen ist doch nicht gekündigt?

Horster *lächelt.* Ja, allerdings.

Petra. Ihnen auch.

Frau Stockmann. Da siehst Du es nun, Thomas.

Stockmann. Und das um der Wahrheit willen! Ach! Ich hätte es mir auch denken können –

Horster. Nehmen Sie sich es weiter nicht zu Herzen; ich finde schon eine Stelle bei irgend einer auswärtigen Reederei.

Stockmann. Und noch dazu dieser Vik, – ein vermögender Mann, und durchaus unabhängig –! Pfui Teufel!

Horster. Er ist sonst ganz rechtschaffen; und er sagt selbst, er hätte mich gern behalten, wenn er nur dürfte –

Stockmann. Aber er darf nicht? Versteht sich!

Horster. Es wäre nicht so einfach, sagte er, wenn man einer Partei angehört –

Stockmann. Da hat er ein wahres Wort gesprochen, der Ehrenmann! Eine Partei, die ist wie eine Fleischhackmaschine; darin werden alle Köpfe zu einem Brei zerrieben; und deshalb sind sie auch alle Schwachköpfe und Flachköpfe, einer wie der andere.

Frau Stockmann. Nein, aber Thomas –!

Petra *zu Horster*. Hätten Sie uns nicht nach Hause gebracht, dann wäre es am Ende nicht so weit gekommen.

Horster. Ich bereue es nicht.

Petra *reicht ihm die Hand*. Ich danke Ihnen!

Horster *zum Doktor*. Und was ich noch sagen wollte: wenn Sie durchaus weg wollen, so weiß ich einen anderen Ausweg –

Stockmann. Sehr schön; wenn wir nur wegkommen –

Frau Stockmann. Pst! Hat es nicht geklopft?

Petra. Das ist gewiß der Onkel.

Stockmann Aha! *Ruft:* Herein!

Frau Stockmann. Bester Thomas, Du mußt mir aber versprechen –

***Stadtvogt Stockmann** kommt aus dem Vorzimmer.*

Stadtvogt *in der Tür*. O, Du bist beschäftigt. Dann will ich lieber –

Stockmann. Nein, nein, – komm nur herein.

Stadtvogt. Aber ich hätte gern unter vier Augen mit Dir gesprochen.

Frau Stockmann. Wir gehen so lange ins Wohnzimmer.

Horster. Und ich will später wiederkommen.

Stockmann. Nein, – gehen Sie nur mit hinein, Horster; ich muß Näheres wissen –

Horster. Gut, dann warte ich.

Geht mit Frau Stockmann und Petra ins Wohnzimmer.

Stadtvogt *sagt nichts, blickt aber verstohlen nach den Fenstern.*

Stockmann. Du findest es gewiß heut hier ein bißchen luftig. Bedeck' Dich nur.

Stadtvogt. Wenn Du erlaubst. *Tut es.* Ich glaube, ich habe mich gestern erkältet; mich fror –

Stockmann. So? Wahrhaftig, mir kam es warm genug vor.

Stadtvogt. Ich bedauere, daß es nicht in meiner Macht gestanden hat, diese nächtlichen Exzesse zu verhüten.

Stockmann. Ist das alles, was Du mir zu sagen hast?

Stadtvogt *zieht einen großen Brief hervor*. Dies Dokument habe ich Dir von der Badeleitung zu übermitteln.

Stockmann. Ist mir gekündigt?

Stadtvogt. Ja, mit dem heutigen Datum. *Legt den Brief auf den Tisch.* Es tut uns leid; aber – offen gesagt – wir durften nicht anders der öffentlichen Meinung wegen.

Stockmann *lächelt*. Ihr durftet nicht? Das Wort habe ich heut schon einmal gehört.

Stadtvogt. Bitte, mach' Dir Deine Lage klar. Du darfst in Zukunft auf keinerlei Praxis hier in der Stadt rechnen.

Stockmann. Der Teufel hole die ganze Praxis! Aber woher weißt Du das so genau?

Stadtvogt. Der Verein der Hausbesitzer läßt eine Liste herumgehen von Haus zu Haus. Alle rechtschaffenen Bürger werden aufgefordert, Dich nicht zu nehmen; und ich möchte darauf schwören, auch nicht *ein* Hausvater wird wagen, seine Unterschrift zu verweigern; man *darf* es ganz einfach nicht.

Stockmann. Ja, ja, daran zweifle ich gar nicht. Aber was weiter?

Stadtvogt. Wenn ich Dir einen Rat geben darf, so wäre es der: zieh für einige Zeit aus der Stadt –

Stockmann. Ja, ich habe nachgerade auch daran gedacht, aus der Stadt zu ziehen.

Stadtvogt. Schön. Und wenn Du dann etwa ein halbes Jahr zum Nachdenken Zeit gehabt hast und Dich nach reiflicher Überlegung dazu verstehen könntest, mit ein paar bedauernden Worten Deinen Irrtum zu bekennen, so –

Stockmann. So könnte ich vielleicht meinen Posten wiederbekommen, meinst Du?

Stadtvogt. Vielleicht; das ist nicht ganz ausgeschlossen.

Stockmann. Ja, aber die öffentliche Meinung? Ihr dürft ja nicht der öffentlichen Meinung wegen.

Stadtvogt. Die öffentliche Meinung ist ein überaus variables Ding. Und aufrichtig gesprochen, es ist uns von besonderer Wichtigkeit, ein solches Zugeständnis von Deiner Hand zu bekommen.

Stockmann. Ja, das könnte Euch so schmecken! Aber Donnerwetter ja, Du hast wohl vergessen, was ich Dir schon einmal über solche Pfiffe und Kniffe gesagt habe!

Stadtvogt. Damals war Deine Position noch favorabler; damals konntest Du voraussetzen, Du hättest die ganze Stadt im Rücken –

Stockmann. Ja, und jetzt kriege ich zu fühlen, daß ich die ganze Stadt auf dem Halse habe –. *Braust auf.* Und hätte ich den Teufel selbst und seine Großmutter auf dem Halse –! Nimmermehr, – nimmermehr, sage ich!

Stadtvogt. Ein Familienvater darf nicht so handeln, wie Du es tust. Das darfst Du nicht, Thomas.

Stockmann. Ich darf nicht? Es gibt nur eins auf der Welt, was ein freier Mann nicht darf; und weißt Du, was das ist?

Stadtvogt. Nein.

Stockmann. Natürlich. Aber *ich* will es Dir sagen. Ein freier Mann darf sich nicht wie ein Lump besudeln; er darf sich nicht so benehmen, daß er sich selbst ins Gesicht spucken müßte!

Stadtvogt. Das klingt ja außerordentlich plausibel; und wenn keine andere Erklärung für Deine Halsstarrigkeit vorläge –; aber die gibt es schon –

Stockmann. Was meinst Du damit?

Stadtvogt. Das weißt Du ganz gut. Aber als Dein Bruder und als besonnener Mann rate ich Dir, nicht allzufest auf Hoffnungen und Aussichten zu bauen, die nur zu leicht fehlschlagen könnten.

Stockmann. Wo zum Henker willst Du damit hinaus?

Stadtvogt. Willst Du mir wirklich einreden, Du wärest in Unkenntnis über die letztwilligen Verfügungen, die der Gerbermeister Kiil getroffen hat?

Stockmann. Ich weiß, daß das bißchen, was er hat, an eine Stiftung für alte bedürftige Handwerker fällt. Aber was geht das mich an?

Stadtvogt. Erstens handelt sich es hier nicht um ein bißchen. Kiil ist ein ziemlich vermögender Mann.

Stockmann. Davon hatte ich ja keine Ahnung –!

Stadtvogt. Hm – wirklich nicht? Du hast also auch keine Ahnung davon, daß ein nicht unbedeutender Teil seines Vermögens Deinen Kindern zufallen soll, und zwar so, daß Du mit Deiner Frau den Nießbrauch auf Lebenszeit hast? Hat er Dir das nicht gesagt?

Stockmann. Nein, bei Gott nicht! Im Gegenteil; er hat stets und ständig gewettert, daß er so wahnsinnig hoch besteuert wäre. Aber weißt Du denn das auch ganz gewiß, Peter?

Stadtvogt. Ich weiß es aus ganz sicherer Quelle.

Stockmann. Aber, du himmlischer Vater, dann ist Käte ja sichergestellt, – und die Kinder auch! Das muß ich ihr doch gleich sagen – *ruft:* Käte, Käte!

Stadtvogt *hält ihn zurück*. Pst! Noch kein Wort davon!

Frau Stockmann *öffnet die Tür*. Was ist denn los?

Stockmann. Ach nichts; geh nur wieder hinein.

Frau Stockmann schließt die Tür wieder.

Stockmann *geht im Zimmer umher*. Sichergestellt! Denk nur, – sie sind alle sichergestellt! Und auf Lebenszeit! Es ist doch ein himmlisches Gefühl, sich sichergestellt zu wissen.

Stadtvogt. Aber *das* bist Du eben nicht. Der alte Kiil kann jeden Tag und jede Stunde sein Testament annullieren, wenn er will.

Stockmann. Aber das tut er nicht, mein guter Peter. Dazu ist der Dachs viel zu fidel darüber, daß ich Dich und Deine wohlweisen Freunde angepackt habe.

Stadtvogt *stutzt und sieht ihn forschend an*. Aha, das wirft ein Licht auf manches.

Stockmann. Was denn?

Stadtvogt. Die ganze Geschichte ist also ein kombiniertes Manöver gewesen. Die gewaltsamen, rücksichtslosen Attentate, die Du – im Namen der Wahrheit – an den Spitzen der Stadt verübt hast –

Stockmann. Was ist damit? Was ist damit?

Stadtvogt. Die waren also nur eine verabredete Revanche für das Testament des alten rachsüchtigen Morten Kiil?

Stockmann *beinahe sprachlos*. Peter – Du bist doch der gemeinste Plebejer, der mir je im Leben vorgekommen ist.

Stadtvogt. Wir sind miteinander fertig. Deine Entlassung ist unwiderruflich; – denn jetzt haben wir eine Waffe gegen Dich. *Ab.*

Stockmann. Pfui, pfui, pfui! *Ruft.* Käte! Der Fußboden soll gescheuert werden da, wo er gestanden hat! Sie soll mit einem Zuber hereinkommen, die, – na Donnerwetter, wie heißt sie denn – die mit der rußigen Nase –

Frau Stockmann *im Wohnzimmer*. Still – Still doch, Thomas!

Petra *ebenfalls in der Tür*. Der Großvater ist da und fragt, ob er Dich allein sprechen kann, Vater.

Stockmann. Ja, gewiß kann er das. *An der Tür.* Kommen Sie herein, Schwiegervater.

Morten Kiil tritt ein. Der Doktor schließt die Tür hinter ihm.

Stockmann. Na, was gibt's denn? Setzen Sie sich.

Kiil. Stehe lieber. *Sieht umher.* Bei Ihnen sieht es heut hübsch aus, Stockmann.

Stockmann. Ja, nicht wahr?

Kiil. Recht hübsch sieht es hier aus, und frische Luft haben Sie auch; heut haben Sie wohl genug von dem sauren Stoff, von dem Sie gestern gefaselt haben. Kann mir denken, heut müssen Sie ein großartig gutes Gewissen haben.

Stockmann. Habe ich auch.

Kiil. Kann ich mir denken. *Klopft sich auf die Brust.* Aber wissen Sie auch, was *ich* hier habe?

Stockmann. Doch wohl auch ein gutes Gewissen, hoffe ich.

Kiil. ???I! Was viel Besseres!

Er holt eine dicke Brieftasche hervor, öffnet sie und zeigt einen Stoß Papiere.

Stockmann *sieht ihn verwundert an*. Badeaktien?

Kiil. Waren heute leicht zu kriegen.

Stockmann. Und Sie haben aufgekauft –?

Kiil. Für alles Geld, was ich hatte.

Stockmann. Aber, lieber Schwiegervater, – jetzt bei der verzweifelten Lage des Bades –!

Kiil. Wenn Sie sich benehmen wie ein vernünftiger Mensch, so wird das Bad schon wieder in die Höhe kommen.

Stockmann. Sie sehen ja selbst, ich tue, was ich kann, aber –. Die Leute hier sind ja verrückt!

Kiil. Sie haben gestern gesagt, die schlimmste Jauche käme aus meiner Gerberei. Aber wenn *das* wahr ist, so hätten ja vor mir mein Großvater und mein Vater und dann ich selbst undenkliche Jahre hindurch die Stadt verjaucht wie drei Würgengel. Glauben Sie, ich lasse die Schande auf mir sitzen?

Stockmann. Das werden Sie wohl müssen, – leider.

Kiil. Nein, danke sehr. Mir ist mein guter Ruf und Name was wert. Die Leute nennen mich den „Dachs", habe ich sagen hören. Ein Dachs, das ist ja so eine Art Schmutzferkel; aber darin sollen sie denn doch nicht recht behalten. Ich will leben und sterben als reinlicher Mensch.

Stockmann. Und wie wollen Sie das anfangen?

Kiil. *Sie* sollen mich rein waschen, Stockmann.

Stockmann. Ich!

Kiil. Wissen Sie, was das für Geld ist, womit ich diese Aktien gekauft habe? Nein, das können Sie nicht wissen; aber ich will es Ihnen jetzt sagen. Das Geld, das Käte und Petra und die Jungen einmal kriegen sollen nach meinem Tode. Denn, sehen Sie, ich habe mir doch ein bißchen was auf die Seite gelegt.

Stockmann *braust auf.* Und dann gehen Sie hin und machen so was mit Kätes Geld!

Kiil. Jawohl, das ganze Geld steht jetzt auf dem Bade. Und nun will ich doch einmal sehen, ob Sie wirklich so wahnsinnig – so heillos toll sind, Stockmann. Wenn Sie jetzt noch weiter Tiere und ähnliches Dreckzeugs aus meiner Gerberei herauskommen lassen, so ist es akkurat dasselbe, als ob Sie breite Riemen schnitten aus Kätes und Petras und der Kinder Haut. Aber *das* tut kein anständiger Familienvater, – wenn er nicht verrückt ist.

Stockmann *geht auf und ab.* Ich bin doch aber verrückt, ich *bin* verrückt!

Kiil. Sie werden doch wohl Ihr letztes bißchen Verstand noch zusammennehmen können, wenn es sich um Weib und Kind handelt.

Stockmann *bleibt vor ihm stehen.* Weshalb konnten Sie es mir denn nicht sagen, ehe Sie den Kram da aufkauften?

Kiil. Das ist nun mal geschehen; daran ist nicht mehr zu tippen.

Stockmann *geht unruhig umher.* Wenn ich meiner Sache nur nicht so sicher wäre –! Aber ich bin im Innersten so überzeugt davon, daß ich recht habe.

Kiil *wägt die Brieftasche in der Hand.* Wenn Sie nicht von Ihrer Verrücktheit ablassen, dann ist das da nicht mehr viel wert. *Steckt die Brieftasche ein.*

Stockmann. Aber Donnerwetter, die Wissenschaft, sollte ich meinen, müßte doch wohl Verhütungsmittel ausfindig machen können; irgend ein Präservativ –

Kiil. Womit man die Tiere tötet, meinen Sie?

Stockmann. Ja, oder sie unschädlich macht.

Kiil. Könnten Sie es nicht mal mit Rattengift probieren?

Stockmann. Ach Unsinn, Unsinn! – Aber alle Leute sagen ja, es wäre nur ein Hirngespinst! Kann es denn nicht ein Hirngespinst sein! Mögen sie ihren Willen haben! Die unwissenden, engherzigen Hunde – haben sie mich nicht einen Volksfeind gescholten; – und mir die Kleider vom Leibe zu reißen, dazu waren sie auch bereit!

Kiil. Und die Masse Scheiben, die sie Ihnen eingeschmissen haben!

Stockmann. Ja, und jetzt wieder diese Sache mit den Pflichten gegen die Familie! Darüber muß ich mit Käte reden; in solchen Sachen kennt sie sich aus.

Kiil. Das ist famos; hören Sie nur auf den Rat einer vernünftigen Frau.

Stockmann *fährt auf ihn los.* Daß Sie auch so etwas Dummes machen konnten! Kätens Geld aufs Spiel zu setzen; mich in diese schauderhaft peinliche Lage zu bringen! Wenn ich Sie ansehe, so ist mir, als sähe ich den leibhaftigen Gottseibeiuns –!

Kiil. Dann ist es wohl besser, ich gehe. Aber bis zwei Uhr will ich Ihre Antwort haben. *Ja* oder *nein*. Lautet sie *nein*, so gehen die Aktien an die Stiftung, – und zwar noch heutigen Tages.

Stockmann. Und was bekommt dann Käte?

Kiil. Nicht so viel!

Die Vorzimmertür wird geöffnet. Draußen sieht man **Hovstad** *und* **Aslaksen**.

Kiil. Seh mal einer die beiden da!

Stockmann *starrt sie an.* Was? Sie wagen es noch, meine Schwelle zu betreten!

Hovstadt. Jawohl, wir sind so frei.

Aslaksen. Wir haben mit Ihnen zu reden, sehen Sie.

Kiil *flüstert*: Ja oder nein – bis zwei Uhr.

Aslaksen *wechselt mit Hovstad einen Blick*. Aha!

Kiil ab.

Stockmann. Na also, was wollen Sie von mir? Machen Sie es kurz.

Hovstadt. Ich begreife wohl, daß Sie wegen unserer Haltung gestern auf der Versammlung etwas gegen uns haben –

Stockmann. Und das nennen Sie Haltung? Eine schöne Haltung, das! Ich nenne es haltungslos, altweiberhaft –. Pfui Teufel!

Hovstadt. Nennen Sie es, wie Sie wollen; aber wir *konnten* nicht anders.

Stockmann. Sie *durften* wohl nicht? Ist's nicht so?

Hovstadt. Wenn Sie wollen, – ja.

Aslaksen. Aber warum ließen Sie denn nicht vorher ein Wörtchen fallen? Hätten Sie doch Herrn Hovstad oder mir nur einen kleinen Wink gegeben.

Stockmann. Einen Wink? Weswegen?

Aslaksen. Wegen dessen, was dahinter steckt.

Stockmann. Ich verstehe Sie ganz und gar nicht.

Aslaksen *nickt vertraulich*. Ach, Herr Doktor, Sie verstehen uns schon.

Hovstadt. Jetzt läßt sich damit doch nicht länger hinter dem Berge halten.

Stockmann *sieht beide abwechselnd an*. Ja, aber Himmelkreuzdonnerwetter –

Aslaksen. Darf ich fragen, – geht Ihr Schwiegervater nicht in der Stadt herum und kauft alle Badeaktien auf?

Stockmann. Ja, er war heut aus und hat Badeaktien gekauft; aber –?

Aslaksen. Es wäre klüger gewesen, Sie hätten einen anderen damit betraut, – einen, der Ihnen nicht so nahe steht.

Hovstadt. Und dann hätten Sie nicht unter Ihrem Namen auftreten sollen. Es brauchte ja keiner zu wissen, daß der Angriff auf das Bad von ihnen ausging. Sie hätten mich zu Rate ziehen sollen, Herr Doktor.

Stockmann *blickt vor sich hin; ein Licht scheint ihm aufzugehen und er sagt wie aus den Wolken gefallen*: Ist so etwas denkbar? Ist so etwas möglich?

Aslaksen *lächelt*. Es zeigt sich ja, daß es möglich ist. Aber sehen Sie, es hätte feiner gemacht werden müssen.

Hovstadt. Und dann hätten auch mehrere mit dabei sein müssen; denn die Verantwortlichkeit für den einzelnen wird ja immer geringer, wenn er noch andere mit dabei hat.

Stockmann *gefaßt*. Kurz und gut, meine Herren, was wollen Sie?

Aslaksen. Herr Hovstad wird das am besten –

Hovstadt. Nein, sagen Sie es, Aslaksen.

Aslaksen. Na, also, die Sache ist *die*: da wir wissen, wie die ganze Geschichte zusammenhängt, so glauben wir, daß wir Ihnen den „Volksboten" zur Verfügung stellen dürfen.

Stockmann. *Jetzt* dürfen Sie? Aber die öffentliche Meinung? Fürchten Sie nicht, daß sich ein Sturm gegen uns erheben wird?

Hovstadt. Wir werden ihn vor Anker aushalten, den Sturm.

Aslaksen. Und dann, Herr Doktor, müssen Sie zusehen, daß Sie rasch beim Lavieren sind. Sobald Ihr Angriff seine Wirkung getan hat –

Stockmann. Sobald mein Schwiegervater und ich die Aktien zu niedrigerem Preise in Händen haben, meinen Sie –?

Hovstadt. Sie suchen ja doch wohl hauptsächlich aus wissenschaftlichen Rücksichten die Leitung des Bades in die Hand zu bekommen.

Stockmann. Versteht sich; und aus wissenschaftlichen Rücksichten suchte ich den alten Dachs zum Mittun zu bewegen. Jetzt flicken wir die Wasserleitung ein bißchen aus und buddeln ein bißchen am Strand, ohne daß es die Stadtkasse einen Groschen kostet. Meinen Sie nicht, daß es geht? Was?

Hovstadt, Ich denke: ja – wenn Sie den „Volksboten" auf Ihrer Seite haben.

Aslaksen. In einem freien Gemeinwesen ist die Presse eine Macht, Herr Doktor.

Stockmann. Jawohl; und die öffentliche Meinung auch; und Sie, Herr Aslaksen, Sie nehmen wohl den Verein der Hausbesitzer auf Ihr Gewissen?

Aslaksen. I freilich, und den Mäßigkeitsverein auch. Da können Sie ganz ruhig sein.

Stockmann. Aber, meine Herren –; ja, ich schäme mich der Frage, aber – die Gegenleistung –?

Hovstadt. Am liebsten möchten wir Sie ja ohne Entgelt unterstützen, das können Sie sich wohl denken. Aber der „Volksbote" steht auf schwachen Füßen; er will nicht recht vorwärts; und das Blatt eingehen zu lassen, jetzt, wo es in der hohen Politik hier so viel zu tun gibt, – das möchte ich furchtbar ungern.

Stockmann. Versteht sich; einem Volksfreund, wie Sie einer sind, muß das ja riesig schwerfallen. *Braust auf.* Aber *ich*, ich bin ein Volksfeind! *Rennt im Zimmer umher.* Wo habe ich nur meinen Stock? Zum Donnerwetter, wo habe ich meinen Stock?

Hovstadt. Was soll das heißen?

Aslaksen. Sie wollen doch wohl nicht –?

Stockmann *hält inne.* Und wenn ich Ihnen nun von meinen Aktien nicht einen Pfennig gäbe? Der Groschen sitzt nicht lose bei uns reichen Leuten, das dürfen Sie nicht vergessen.

Hovstadt. Und *Sie* dürfen nicht vergessen, daß die Geschichte mit den Aktien sich auf zwei Arten darstellen läßt.

Stockmann. Ja, darauf verstehen Sie sich allerdings; wenn ich dem „Volksboten" nicht zu Hilfe komme, so erscheint Ihnen die Sache sicherlich in einem üblen Lichte; dann machen Sie Jagd auf mich, denke ich mir, – setzen mir nach, – suchen mich zu erwürgen, wie der Hund den Hasen erwürgt!

Hovstadt. Das ist Naturgesetz; jedes Tier sucht seines Leibes Nahrung.

Aslaksen. Schauen Sie, man nimmt sein Futter, wo man es findet.

Stockmann. So sucht Euch was im Rinnstein draußen! *Fährt im Zimmer umher.* Denn Schockschwerenot, jetzt soll es sich zeigen, wer von uns dreien das stärkste Tier ist. *Ergreift den Regenschirm und schwingt ihn.* Hei! Seht mal da –!

Hovstadt. Sie wollen sich doch nicht an uns vergreifen!

Aslaksen. Nehmen Sie sich in acht mit dem Regenschirm!

Stockmann. Durchs Fenster mit Ihnen, Herr Hovstad!

Hovstadt *an der Vorzimmertür.* Sind Sie denn ganz toll!

Stockmann. Durchs Fenster, Herr Aslaksen! Hinaus, sage ich! Und so schnell wie möglich.

Aslaksen *läuft um den Schreibtisch herum.* Alles mit Maß, Herr Doktor; ich bin ein schwächlicher Mensch; ich vertrage so wenig – *schreit:* Hilfe, Hilfe!

Frau Stockmann, Petra und Horster aus dem Wohnzimmer.

Frau Stockmann. Aber um Gottes willen, Thomas, was ist denn hier los?

Stockmann *schwingt den Regenschirm.* Hinaus, sage ich! In den Rinnstein!

Hovstadt. Überfall eines Wehrlosen! Sie sind mein Zeuge, Herr Kapitän. *Eilt hinaus durchs Vorzimmer.*

Aslaksen *ratlos.* Wüßte man nur mit den lokalen Verhältnissen Bescheid –

Schleicht durch das Wohnzimmer hinaus.

Frau Stockmann *hält ihren Mann fest.* Aber so beherrsche Dich doch, Thomas!

Stockmann *wirft den Regenschirm weg.* Donnerwetter, nun sind sie mir doch entwischt!

Frau Stockmann. Aber was wollten sie denn von Dir?

Stockmann. Das sollst Du später erfahren; jetzt habe ich an anderes zu denken. *Geht zum Tisch und beschreibt eine Visitenkarte.* Sieh mal, Käte, was steht da?

Frau Stockmann. Drei große „Nein“. Was heißt das?

Stockmann. Auch das sollst Du später erfahren. *Reicht Petra die Karte hin.* Da, Petra; schick' den Schmutzfink damit so schnell wie möglich zum Dachs. Rasch doch!

Petra mit der Karte durch das Vorzimmer ab.

Stockmann. Wenn ich heute nicht von allen Sendboten der Hölle heimgesucht worden bin, dann weiß ich's nicht! Aber jetzt werde ich auch meine Feder gegen sie spitzen, daß sie wird wie eine Ahle; ich will sie in Gift und Galle tauchen, ich werde ihnen mein Tintenfaß direkt an den Schädel werfen!

Frau Stockmann. Ja, aber wir ziehen doch weg, Thomas.

Petra kommt zurück.

Stockmann. Na?

Petra. Ist besorgt.

Stockmann. Gut. – Wegziehen, sagst Du? Nein, Schockschwerenot, das tun wir nicht; wir bleiben, wo wir sind, Käte!

Petra. Bleiben!

Frau Stockmann. Hier in der Stadt?

Stockmann. Ja, hier und nirgendwo anders; hier ist die Walstatt; hier wird die Schlacht geschlagen; hier will ich siegen! Wenn nur erst meine Hosen wieder ganz sind, dann gehe ich aus und suche eine Wohnung; zum Winter müssen wir doch einen Unterschlupf haben.

Horster. Den finden Sie bei mir.

Stockmann. Wahrhaftig?

Horster. Ganz gewiß; ich habe Platz genug, und dann bin ich ja doch auch fast nie zu Hause.

Frau Stockmann. Ach, wie freundlich das von Ihnen ist, Herr Horster.

Petra. Haben Sie Dank!

Stockmann *schüttelt ihm die Hand*. Danke schön, danke schön! *Die* Sorge wäre ich also auch los. Und nun mache ich mich noch heute allen Ernstes an die Arbeit. Ach, Käte, hier gibt es aufzuräumen ohne Ende! Wie gut, daß ich jetzt so ganz über meine Zeit verfügen kann: denn sieh mal her, Du, – man hat mir gekündigt –

Frau Stockmann *seufzt*. Ach ja, das habe ich schon erwartet.

Stockmann. – und nun wollen sie mir auch noch meine Praxis nehmen. Aber laß sie nur! Die armen Leute behalte ich sowieso – die, die nichts bezahlen; und, lieber Gott, die brauchen mich ja auch am nötigsten. Aber von mir hören sollen sie, Donnerwetter ja; ich will ihnen predigen zu rechter Zeit und zur Unzeit, wie da geschrieben steht irgendwo.

Frau Stockmann. Aber, bester Thomas, ich glaube, Du hast gesehen, was Predigen nützt.

Stockmann. Du bist wirklich komisch, Käte. Soll ich mich vielleicht von der öffentlichen Meinung und der kompakten Majorität und ähnlichem Teufelszeug aus dem Felde schlagen lassen? Nein, danke sehr! Und was ich will, ist doch auch so einfach und klar und zweifelsohne. Ich will den Hunden ja nur einbläuen, daß die Liberalen die hinterlistigsten Feinde der freien Männer sind, – daß die Parteiprogramme allen jungen, lebensfähigen Wahrheiten den Hals umdrehen, – daß Zweckmäßigkeitsrücksichten Moral und Rechtschaffenheit auf den Kopf stellen, so daß das Leben hier schließlich rein zur Qual wird. Meinen Sie nicht, Kapitän, daß ich das den Leuten nicht *doch* noch begreiflich machen kann?

Horster. Mag schon sein; ich verstehe mich auf so etwas nicht sonderlich.

Stockmann. Ja, sehen Sie, – nun passen Sie auf! Die Parteihäuptlinge, die müssen ausgerottet werden. Denn ein Parteihäuptling, sehen Sie, ist wie ein Wolf, – wie ein hungriger Isegrim; – er braucht das Jahr so und so viel Stück Kleinvieh, wenn er bestehen will. Sehen Sie nur einmal Hovstad und Aslaksen an! Wie vielem Kleinvieh machen die allein nicht den Garaus; oder sie verunstalten es und verderben es derart in Grund und Boden, daß nichts anderes draus wird als Hausbesitzer oder Abonnenten des „Volksboten"! *Setzt sich auf die Tischkante.* Du, Käte, komm einmal her, – sieh, wie schön heut die Sonne hereinscheint. Und diese herrliche, frische Frühlingsluft, die auf uns einströmt!

Frau Stockmann. Ja, wenn wir nur von Sonnenschein und Frühlingsluft leben könnten, Thomas!

Stockmann. Na, Du mußt an allen Ecken und Kanten sparen, – dann geht es schon. *Das* ist meine geringste Sorge. Nein, weit schlimmer ist, daß ich keinen Mann kenne, der, frei und vornehm, es wagte, nach meinem Tode meine Aufgabe zu übernehmen.

Petra. Ach, denk daran nicht, Vater; die Zukunft liegt noch vor Dir. – Ei, da sind ja die Jungen schon.

Ejlif und Morten kommen herein aus dem Wohnzimmer.

Frau Stockmann. Habt Ihr heute frei bekommen?

Morten. Nein; aber wir haben uns mit den andern in der Zwischenpause gehauen –

Ejlif. Das ist nicht wahr; die andern, die haben sich mit uns gehauen.

Morten. Ja, und da sagte Herr Rörlund, es wäre besser, wir blieben ein paar Tage zu Hause.

Stockmann *knipst mit den Fingern und springt vom Tisch herunter.* Jetzt habe ich's! Jetzt habe ich's, bei Gott! Ihr werdet keinen Fuß mehr in die Schule setzen!

Die Jungen. Nicht mehr in die Schule!

Frau Stockmann. Nein, aber Thomas –

Stockmann. Keinen Fuß mehr, sage ich! Ich selbst will Euch unterrichten, – das heißt, Ihr sollt nicht irgend welches gleichgültiges Zeugs lernen –

Morten. Hurra!

Stockmann. – aber ich will Euch zu freien, vornehmen Männern machen. – Und Du, Petra, Du mußt mir dabei helfen.

Petra. Ja, Vater, darauf kannst Du Dich verlassen.

Stockmann. Und die Schule, die soll in dem Saal abgehalten werden, wo sie mich einen „Volksfeind" gescholten haben. Aber wir sind nicht genug; mindestens zwölf Jungen muß ich zum Anfang haben.

Frau Stockmann. Die kriegst Du hier in der Stadt nicht zusammen.

Stockmann. Das werden wir ja sehen. *Zu den Jungen.* Kennt Ihr nicht ein paar Straßenbengels, – so ein paar ruppige, struppige –?

Morten. Ja, Vater, ich kenne eine ganze Masse!

Stockmann. Das ist famos; bring mir nur ein paar Stück her. Ich will einmal mit den Kötern experimentieren; da können merkwürdige Köpfe drunter sein.

Morten. Aber was werden wir tun, wenn wir freie und vornehme Männer geworden sind?

Stockmann. Dann werdet Ihr alle Isegrims nach dem fernen Westen jagen, Ihr Jungens!

Ejlif macht ein etwas bedenkliches Gesicht; Morten hopst herum und ruft Hurra.

Frau Stockmann. Ach, wenn es nur nicht so kommt, Thomas, daß die Isegrims *Dich* jagen.

Stockmann. Du bist nicht recht gescheit, Käte! *Mich jagen! Jetzt,* da ich der stärkste Mann der Stadt bin!

Frau Stockmann. Der stärkste – *jetzt*?

Stockmann. Ja, ich darf das große Wort aussprechen: *jetzt* bin ich einer der stärksten Männer auf der ganzen Welt.

Morten. Ach nein?!

Stockmann *senkt die Stimme.* Pst! Ihr Sollt noch nicht drüber sprechen; aber ich habe eine große Entdeckung gemacht.

Frau Stockmann. Schon wieder?

Stockmann. Ja gewiß, ja gewiß! *Sammelt alle um sich und sagt vertraulich:* Die Sache ist die, seht mal: *der* ist der stärkste Mann auf der Welt, der allein steht.

Frau Stockmann *lächelt und schüttelt den Kopf.* Ach Du, Thomas –

Petra *mutig, faßt seine Hände.* Vater!